Irving Louis Horowitz
Grundlagen der politischen Soziologie IV

rombach hochschul paperback Band 83

Irving Louis Horowitz

Grundlagen der politischen Soziologie

Band IV
Wissenschaft und Politik

 Verlag Rombach Freiburg

Aus dem Amerikanischen übersetzt von Michaela Steiner.

Originalausgabe: Foundations of Political Sociology.
Harper & Row Publishers,
New York–Evanston–San Francisco–London 1972.

© 1972 by Irving Louis Horowitz
© der deutschen Ausgabe 1976 Rombach+Co GmbH, Druck- und Verlagshaus, Freiburg. 1. Auflage 1976. Alle Rechte vorbehalten. Herstellung im Druckhaus Rombach+Co GmbH, Freiburg im Breisgau. Printed in Germany. ISBN 3-7930-9004-3

Inhalt

Erstes Kapitel
Gesellschaftswissenschaft und öffentliche Politik   7

Zweites Kapitel
Wissenschaft und Staat   46

Drittes Kapitel
Die sozialwissenschaftlichen Mandarine   76

Viertes Kapitel
Nationale Politik und private Forschung   101

Fünftes Kapitel
Abschreckungspolitik: Von der wissenschaftlichen
Fallstudie zum militärischen Handbuch   132

Erstes Kapitel
Gesellschaftswissenschaft und öffentliche Politik

Ökonomie, Soziologie, Psychologie und die anderen Gesellschaftswissenschaften spielen heute in der nationalen und internationalen Politik eine neue Rolle. Mit dem Grad an Exaktheit, den die Gesellschaftswissenschaften erreichten, steigerte sich das Problem einer Gesellschaftspolitik. Erst diese Zeit, und nicht schon frühere Perioden, legitimieren die politischen Empfehlungen der Gesellschaftswissenschaftler, weil es sich als möglich erwiesen hat, daß sich Gesellschaftswissenschaft und Gesellschaftstheorie in den Rahmen politischer Aktion eingliedern lassen. Die Forderung nach Vertretern der *Operations Research,* taktischen Datensystemen, Kriegsspiel- und Simulationsexperten konkurriert mit der Suche nach technischem Personal an der Basis. Wie es zu dieser Umwertung gekommen ist, darüber sind wir kaum informiert. Zum Teil liegt die Ursache in der Neuheit der Situation, zum Teil in der neuartigen Überprüfung, der sich die Sozialwissenschaftler selbst unterziehen. Dieser neu gewonnene Einfluß führt dazu, daß nicht die Realisierbarkeit der Sozialwissenschaft, sondern die Glaubwürdigkeit der Sozialwissenschaftler auf dem Spiel steht.
Alle Diskussionen über Unwert und Wert, wo unvermeidlich jede Untersuchung der Gesellschaftswissenschaft und der öffentlichen Politik endet, schließen zwei Fragenkomplexe mit ein. Einerseits die empirische Erfassung des gegenwärtigen Beziehungsgeflechts zwischen Gesellschaftswissenschaft und öffentlicher Politik, seine Gestaltung und Ausführung. Der andere Komplex zielt auf die Frage ab, welcher Art dieses Beziehungsgeflecht zwischen Gesellschaft und öffentlicher Politik sein soll. Im Zusammenhang mit der Frage nach dem Vorhandenen und dem, was sein soll, tauchen zwei Variablen auf. Als erste die Utilisierung der Gesellschaftswissenschaft in Gestalt der öffentlichen Politik; die zweite Variable meint die *Beziehung* zwischen

Gesellschaftswissenschaftler und politischem Entscheidungsträger. Die Tatsache, daß eine stets wachsende Personenzahl mit einiger Legitimität für sich sowohl den Status eines Wissenschaftlers als auch den Status eines politischen Entscheidungsträgers in Anspruch nehmen kann, scheint eine klare Trennung zwischen diesen Fragenkomplexen zu verwischen.

Drei Arten politischer Herausforderung

Das erste Problem, womit wir uns auseinandersetzen werden, betrifft die faktischen Auswirkungen auf die Art der Beziehung zwischen den Gesellschaftswissenschaftlern und politischen Entscheidungsträgern, das heißt die Frage, wie diese Beziehung nach verschiedenen Gesellschaftsstrukturen variiert. Wie gestaltet sich das Verhältnis der Soziologen zur Gesellschaft in einem totalitären Staat? Oder in einem Wohlfahrtsstaat? Oder in einem Laissez-faire-Staat oder -System? Welchem Druck und welchen Strömungen unterliegen die Gesellschaftwissenschaftler und politischen Entscheidungsträger in den einzelnen Staatsformen?

Die meisten gesellschaftswissenschaftlichen Disziplinen bedürfen, um funktionieren zu können, vom Ziel her offener Bedingungen. Etablierte Dogmen über die Gesellschaft müssen unabänderlich und notwendig in Frage gestellt werden. In diesem Sinn war die Soziologie für die sozialistische Ideologie ebenso problematisch wie im siebzehnten Jahrhundert die Astronomie für die Römisch Katholische Kirche. Besuchen zum Beispiel in der Sowjetunion mehr Frauen als Männer die Kirche? Vom marxistischen Standpunkt aus ist die Frage lächerlich. Der Definition nach sind Männer und Frauen gleichgestellt. Die verschiedenen Reaktionen der Geschlechter auf religiöse Praktiken werden in einer sozialistischen Nation mit früheren historischen Ereignissen erklärt.

Die Sexualvariable ist für Sowjetforscher trotz des erkennbar unterschiedlichen Kirchenbesuches durch Männer und Frauen kein legitimes Forschungsthema, nicht nur in der Sowjetunion, sondern in vielen Ländern mit einer ähnlichen politischen Struktur und einem ähnlichen Industrialisierungsniveau.

Diese Diskrepanz zwischen Fakten und Theorie führt zu der

Schlußfolgerung, daß die Beziehung zwischen Gesellschaftswissenschaft und öffentlicher Politik in einer reinen Befehlsstruktur kein großes Problem darstellt, weil die Gesellschaftswissenschaften bis auf ihr technisches Vokabular unterdrückt werden. Die Ideologie der Wissenschaft wird zur Staatsideologie ausgebaut, wobei nur die »reinen« und die »Natur«-Wissenschaften gepriesen werden. Angewandte Sozialwissenschaften mag es geben, es gibt aber keine Gesamtanalyse der Gesellschaft. Sobald wichtige Daten der bestehenden Ordnung widersprechen, sind die Gesellschaftswissenschaften verdächtig. Es ist kein Zufall, daß die Öffentlichkeit in das Informationsmaterial der Gesellschaftswissenschaftler um so schwerer Einsicht nehmen kann, je totalitärer ein System ist. Das Ausmaß, wie weit sich innerhalb einer Nation die Gesellschaftswissenschaft entwickeln kann, dient im zwanzigsten Jahrhundert als Index für die Freiheit. Mit der Erkenntnis, wie weit die Entwicklung einer unabhängigen Gesellschaftswissenschaft blockiert wird, gewinnt man einen Maßstab für die politische Stagnation. Als Autor erlaube ich mir ein *ex-cathedra*-Urteil – ich glaube nicht, daß sich jemand an gesellschaftswissenschaftlichen Untersuchungen beteiligen kann, ohne zu erkennen, daß zwischen einer guten Gesellschaftswissenschaft und einer guten Gesellschaft eine enge Korrelation besteht. Das Beispiel der Sowjetunion ist in dieser Hinsicht illustrativ. Während in der UdSSR das Forschungs- und akademische Personal, das sich mit den »Künsten, Geistes- und Gesellschaftswissenschaften« befaßt, weiterhin zahlenmäßig ansteigt – von 625 000 1956 auf 700 000 1960 –, zeigen diese Zahlen verglichen mit der Physik und Technik einen Abwärtstrend an – von 27,9 auf 24,0 Prozent. Wenn wir diese Zahlen weiter aufschlüsseln, sehen wir, daß nur 3,9 Prozent des wissenschaftlichen Personals sich in Gebieten engagiert, die man im Westen als Gesellschaftswissenschaften bezeichnet – und diese verlagern sich noch auf Wirtschaft und Planung (siehe de Witt, 1955; 1965, S. 303–321). Zweifellos findet eine weitverbreitete Infiltration der Ergebnisse der Gesellschaftswissenschaften durch »fremde« Forschungsgebiete wie Pädagogik, Geographie, Jurisprudenz und sogar besonders exakter Gebiete wie die mathematische Statistik statt. In jüngerer Zeit wurde dieser latente Vorgang durch eine Öffnung der Gesellschaftswissenschaften in Richtung zumindest auf Soziologie und Psycho-

logie ersetzt (letztere war immer als Teil der Medizin und Biologie faßbar, wird aber jetzt als Gesellschaftswissenschaft anerkannt). Das läßt die deutliche Bewegung vom Totalitarismus zu autoritären Modalitäten erkennen. Das soll heißen, daß die Tendenz entschieden von politischer Vorherrschaft und Überwachung aller wissenschaftlichen Produkte abrückt und zu einer politischen Exklusivität führt, die mehr Relevanz als Konformität für die Produkte wissenschaftlicher Forschung fordert (Kassof, 1965; Simirenko, 1966; Parsons 1965).
Im Gegensatz zu einem auf Befehle aufgebauten System tendieren die Gesellschaftswissenschaften in einem Wohlfahrtssystem zu einer besonders engen Verbindung mit den politisch orientierten Sektoren der Gesellschaft. Beide werden wie in England, Frankreich und Deutschland funktional durch Wissenschaftsministerien verbunden. Die politischen Entscheidungsträger sehen in den Gesellschaftswissenschaften oft die logische Basis für jede geplante Veränderung, die im Interesse der Gesellschaft vorgenommen werden soll. Bevor beispielsweise dem englischen Parlament ein wichtiges Gesetz vorgelegt wird, wird wahrscheinlich zuvor eine Umfrage durchgeführt, die eine Art gesellschaftswissenschaftlicher Legitimation liefert. Während also in England die Investitionen in Gesellschaftswissenschaften relativ gering sind, wenn man sie mit den Vereinigten Staaten vergleicht, sind die Ausgaben für gesellschaftswissenschaftliche Informationen hoch (siehe Horowitz, 1964a, S. 43–47). Man hört den Gesellschaftswissenschaftler nicht nur an, man sucht sogar fieberhaft nach seinem Rat. Das Wohlfahrtssystem wurde zu einer unerschöpflichen Quelle für das Wachstum der Gesellschaftswissenschaft und die Gesellschaftswissenschaften haben umgekehrt die »sozialistischen« Tendenzen innerhalb der Gesellschaftssysteme, in denen sie operieren, verstärkt.
Die innerhalb des Wohlfahrtssystems praktizierte Gesellschaftswissenschaft ist gewöhnlich fast nur angewandte Wissenschaft. England produziert keine große Theorien mehr über die Gesellschaft, sondern ebnet vielmehr den Weg für solche Praktiken, die auf eine Neugestaltung der Gesellschaftspolitik abzielen.[1]
Der Empirizismus dringt tief in den eigentlichen Kern der politi-

---

[1] Eine Reihe von Artikeln über »die Neugestaltung der Sozialpolitik« in der englischen Publikation *New Society* indiziert diesen Trend. Die Artikel setzen sich mit Bevölkerungsinitiativen, Stadtplanung, Berufsgewohn-

schen Orientierung ein. Sowohl die Aufträge als auch die Bezahlung weisen in diese Richtung. Darüber hinaus schließt »reine« gesellschaftswissenschaftliche Forschung das Studium und die Entwicklung von grundsätzlichen Theorien über den Menschen mit ein, und weder der Pragmatismus im britischen Parteiensystem des zwanzigsten Jahrhunderts noch der Empirizismus des Bildungswesens besitzen starkes Vertrauen in die »Grundlagen«. Die Besonderheiten, die in Großbritannien das Verhältnis zwischen politischem und Erziehungssystem kennzeichnen, mögen die Entwicklung eines unabhängigen gesellschaftswissenschaftlichen Lehrplanes an den traditionellen Ausbildungsstätten verzögert haben. Mit zunehmender gegenseitiger Durchdringung (mittels der Ökonomie im achtzehnten Jahrhundert, der Verwaltungslehre im neunzehnten Jahrhundert und der Politikwissenschaft in der Gegenwart), wurde die enge Zusammenarbeit zwischen Gesellschaftswissenschaft und Gesellschaftspolitik bereits vorbereitet. Mit dem Niedergang des ideologischen Toryismus (der auf die »klassischen Studien« zurückgreift) gegen Ende des Zweiten Weltkrieges wurde der letzte Widerstand gegen die Gesellschaftswissenschaft gebrochen.[2] Die Impulse, die von der britischen Gesellschaftswissenschaft auf die Wohlfahrtsprojekte ausgehen, fügten sich nahtlos in die Wohlfahrtsprogramme ein, die vom politischen Apparat ausgearbeitet wurden. Die gegenseitigen Verdächtigungen von Wissenschaftlern und Politikern, die eine frühere Epoche der britischen Geschichte kennzeichnen, lösten sich in wechselseitige Unterstützung und sogar gemeinsame Lobreden auf.

Im Konsensualsystem des Laissez faire sehen sich die Gesellschaftswissenschaften gezwungen, mit politischen Behörden zu konkurrieren, die direkt daran beteiligt sind. In den Vereinigten Staaten haben beispielsweise aus Tradition die Politiker der Exekutive jene Spezialisten konsultiert, die in Diplomatie, Recht und Verwaltung ausgebildet waren. Bis weit in die Gegenwart hinein wurde den sogenannten echten Gesellschaftswissenschaften – Psychologie, Ökonomie und Soziologie – wenig Aufmerksamkeit gezollt. Darüber hinaus wurde den Gesellschaftswissen-

---

heiten und Einwanderung allein in bezug auf England auseinander; siehe *New Society*, Bd 7, Nr. 179–181 (März 1966).

[2] Als allgemeine Darstellung siehe Cardwell (1957). Als spezifische Arbeit siehe Ashby (1966, S. 13–26).

schaften nicht so viel Gehör geschenkt, wie sie im Wohlfahrtsstaat genießen, bevor nicht die Gesellschaftswissenschaften in der Praxis bürokratische Formen angenommen hatten. Am Ausmaß, wie weit das Laissez-faire-System vom Wohlfahrtselement durchdrungen ist, wobei es sich selbst für Schutz und Obsorge seiner Bürgerschaft einsetzt, orientiert sich graduell die Auswirkung der Gesellschaftswissenschaften im Bereich der Regierungspolitik.

Drei unterschiedliche Faktoren bestimmen die besondere Rolle der Gesellschaftswissenschaft bei der Gestaltung der amerikanischen Politik. Sie erklären nicht nur die Bedeutung der Gesellschaftswissenschaft im politischen Entscheidungsprozeß, sondern auch die Abhängigkeit der amerikanischen Gesellschaftswissenschaften von politischen Institutionen.

Zunächst entstand eine stark sozialreformerische Tendenz im Gegensatz zu allgemeinen Theorien des Wandels und der Revolution. Die amerikanische Gesellschaftswissenschaft hat sich bewußt, beinahe selbstbewußt, Problemen einer praktischen Reform gewidmet: Der Beseitigung der Armut, der Integration ethnischer Minderheiten, Einwanderungs- und Bevölkerungsprobleme, Modelle für eine Neuentwicklung der Städte und so fort. Das verleitete bedeutende Stiftungen und philanthropische Gesellschaften dazu, ihr Interesse an der direkten Linderung gesellschaftlicher Probleme mittels karitativer Maßnahmen zu verlieren und sich verstärkt mit indirekten Mitteln zur Verringerung der Probleme einzusetzen, nämlich mit Hilfe von sozialwissenschaftlichen Programmen.

Zweitens setzte die Entwicklung eines pluralistischen Erziehungssystems viele verschiedene gesellschaftswissenschaftliche Aktivitäten frei. Dieser verdienstvolle Einsatz in Erziehung und Unterricht schwächte das Statussystem in den höheren Bildungsschichten, während dadurch die Vereinigten Staaten vor einer Wiederholung so mancher Exzesse des deutschen Universitätssystems – Chauvinismus, Nationalismus und Antisemitismus – verschont blieben. Der Status wurde meistens von der Umwelt determiniert, besonders von staatlichen und privaten Institutionen, die sich auf Bildungswissen als der einzigen Quelle unpolitischer Meinungsbildung stützen. Dadurch konnte der amerikanische Gesellschaftswissenschaftler seine Unabhängigkeit von der Regierung bewahren, und der Politiker konnte sich in seinem Urteil über den Wert der Gesellschaftswissenschaften zurückhalten.

Drittens entwickelte sich in der amerikanischen Gesellschaftswissenschaft ein Unternehmergeist, der den wachsenden Bedürfnissen der Regierung sich anzupassen bestrebt war. Bürokratische Organisationen dienten der Mediatisierung der Forderungen des Bildungs- und des politischen Establishments, und sicherte beide gegen Schaden und schlechten Ruf. In der Gesellschaftswissenschaft tauchten in allen Gestalten und Formen vermittelnde Organe auf. An allen wichtigeren Universitäten faßten *Social-Research*-Institute Fuß. Über Nacht entstanden unabhängige, nichtuniversitäre Agenturen: die *Rand Corporation*, das *Institute for Defense Analysis*, die *Aerospace Corporation* und das *Peace Research Institute*. In großer Zahl entstanden Organisationen, die sich mit Marktforschung und nationalen Meinungsumfragen befaßten. Diese unternehmerische Reaktion auf die Bedürfnisse der Regierung sind mit der Institutionalisierung eines Abkommens gleichbedeutend, das auf Kauf und Verkauf abzielt. Wie bei solchen Abmachungen üblich, spielen die Käufer die übergeordnete und die Verkäufer die untergeordnete Rolle, wenn nicht außergewöhnliche Umstände vorliegen.

Tabelle 1.1: Privatinstitutionen für militärische Forschung

vom Militär unterstützt	Vertragshöhe (in Millonen Dollar)*
Luftwaffe	
Aerospace Corporation	$ 76.2
Systems Development Corporation	51.6
Mitre Corporation	34,4
RAND Corporation	11.4
Analytic Services, Inc.	1.3
Marine	
Applied Physics Laboratory (John Hopkins)	54.9
Franklin Institute (Center for Naval Analysis)	11.5
Armee	
Research Analysis Corporation	9.3
Verteidigungsministerium	
Institute for Defense Analysis	2.1
Legistics Management Institute	1.0
Auf Anregung des Militärs gegründet (größere Institutionen)	
Lincoln Laboratory (M. I. T.)	49.4
Instrumentation Laboratory (M. I. T.)	47.0

Quelle: Verteidigungsministerium

* Nettowert der ersten Vertragssumme, Fiskaljahr 1964

Tabelle 1.1 zeigt das Beziehungsgeflecht zwischen privaten Institutionen mit dem Ziel militärischer Forschung und der militärischen Unterstützung, worauf sie bauen.

Das Laissez-faire-Konsensualsystem vermittelt keine exakte Beschreibung der amerikanischen Gesellschaft. Das gesellschaftswissenschaftliche System entwickelte sich unter den besonderen Umständen der politischen und wirtschaftlichen Geschichte der Vereinigten Staaten. Ihre politische Rhetorik bleibt tatsächlich in der Konsensidee verwurzelt, während ihre Ökonomie zunehmend von Wohlfahrtsideen beherrscht wird. Darin besteht ein Hauptgrund für die »Schizophrenie« der angewandten Sozialwissenschaft.

Zur Charakterisierung kann überblicksweise folgendes festgestellt werden:

1. In einer imperativen Gesellschaft diktiert die Politik sowohl den Charakter als auch die Aktivitäten der Sozialwissenschaften. Die Sozialwissenschaft verliert die Kontrolle sowohl über die Mittel als auch den Zweck der Forschung. Die operationalen Aspekte in bezug darauf, was die Politik vorschreibt, werden so wichtig, daß die Sozialwissenschaften sich lediglich in das bestehende politische System »einfügen« und auf positive Ergebnisse hoffen können. Insofern die Wissenschaften diesen Aufforderungen zufriedenstellend nachkommen, können sie überleben.

2. In einem Wohlfahrtssystem interagieren Politik und Sozialwissenschaften, ohne daß sich auch nur eine Andeutung von Spannung oder Widerspruch zwischen wissenschaftlichen Aussagen und therapeutischen Wünschen abzeichnet. Die Integration ist so vollständig, daß an beiden Polen, sowohl dem wissenschaftlichen als auch dem politischen, ein Identitätsverlust stattfindet. Die Vermengung von wissenschaftlichen Aussagen und therapeutischen Vorschriften nimmt schreckliche Formen an; alle Funktionen der Sozialwissenschaften werden auf gesellschaftliche Probleme ausgerichtet. Als Folge davon schwindet das Interesse an einer umfassenderen Analyse der Gesellschaftssysteme oder gesellschaftlichen Kräfte.

3. In einem Laissez-faire-System tendieren die Gesellschaftswissenschaften zu Unabhängigkeit und Autonomie von rein politischen Entscheidungen. Insofern sie allerdings in diesem

früheren Zustand verharren, besitzen sie sowohl wenig Macht als auch einen niedrigen Status. Es kommt im typischen Fall zu einem Austauschsystem, wo finanzielle Leistung und Information reziprok transferiert werden. Dadurch reduziert sich die gesellschaftswissenschaftliche Autonomie und führt zur Verschacherung eines hohen Status für ein Maximum an Macht. Damit entsteht ein neuer Herd innerer Spannungen innerhalb der Gesellschaftswissenschaften, was die eigentliche Rolle des Sozialwissenschaftlers bei der Gestaltung der allgemeinen Politik anbelangt.

Sozialisierung zur Geheimhaltung

Bis hierher wurde die Ausbildung der Gesellschaftswissenschaftler als eine Gegebenheit vorausgesetzt. Jetzt müssen wir unsere Aufmerksamkeit auf ihre Ausbildung als Konsultanten oder Berater in der Politik lenken. Während die meisten Regierungsbeamten zur Steuerung ihres Verhaltens vielen wechselseitigen Kontrollen unterworfen sind, unterliegen die Gesellschaftswissenschaftler, die als Berater von Regierungsstellen fungieren, nur wenigen Formen antizipatorischer Sozialisation.
Weil solche Sozialwissenschaftler in ihrer Beraterfunktion bei komplizierten Fragen oft operational eingreifen sollen, sind sie vor den Folgen ihrer politischen Äußerungen geschützt. Daraus resultiert die Anomalie, daß, je komplizierter die politische Fragestellung, sie um so weniger durch die Öffentlichkeit kontrolliert werden.
Man bewahrte bisher um die wissenschaftlichen Berater der Regierung Stillschweigen, was sonst in Washington nur bei Agenten des CIA praktiziert wird. Ein Kommentar wies kürzlich darauf hin:

Es werden nicht nur die Namen von etwa zweihundert P-SAC-Beratern geheimgehalten, sondern auch die Namen anderer bezahlter wissenschaftlicher Berater der Regierung. Kürzlich weigerten sich Sprecher sowohl der Air Force als auch der Arms Control und der Disarmament Agency, die Identität von bestimmten wissenschaftlichen Beratern preiszugeben, mit der Begründung (1) sie würden dadurch unter Druck gesetzt werden, (2) bestimmt unerwünschte Post erhalten und (3) damit der

Kontrolle der Öffentlichkeit unterworfen werden, was sie aber gerade nicht wünschen (Greenfield, 1965, S. 415–429).

Da der Forschungszweck aber das Urteil des Sozialwissenschaftlers beeinflussen kann, warum sollte dann die Geheimhaltung entweder bezahlt oder gepriesen werden?
Die Frage der Geheimhaltung hängt eng mit der Sache der Politik zusammen, weil die politischen Entscheidungsträger gewöhnlich von dem Grundsatz ausgehen, sich niemals ganz bloßzustellen. In der Arena der internationalen Politik will keine Regierung ihre Karten auf den Tisch legen und ihre Politik vollständig der öffentlichen Kritik und Kontrolle unterwerfen. *Operational Research* ist daher in Verbindung mit politischen Überlegungen an den Grundsatz der Geheimhaltung gebunden. In seiner einfachsten Form stellt sich das Dilemma so dar: die Sozialwissenschaftler huldigen dem Fetisch der Veröffentlichung ihrer Arbeitsergebnisse. Die wesentliche Methode und der Fetisch der politischen Sektoren der Gesellschaft sind die geheimen Dokumente und die privilegierten Informationen. Wie könnte man sonst in dem Wettstreit, dem anderen immer um einen Schritt voraus sein zu wollen, gewinnen, wenn man nicht über ein Wissen verfügt, das die andere Seite nicht besitzt? Man belohnt daher nicht nur das Beschaffen von Informationen, sondern auch das Stillschweigen, das darüber bewahrt wird. Es findet eine Umkehrung der Belohnung und eine Umwertung von Werten statt, wodurch extreme Spannungen entstehen. Diese Spannung läßt sich oft durch die Aufopferung der Sozialwissenschaften vermindern, indem sie sich rein politischen Erwägungen unterwerfen.
Die Sozialwissenschaftler treten nicht nur aus Gründen der ungleichen Machtverteilung, die zwischen Käufer und Verkäufer besteht, hinter solchen Fragen zurück, sondern sie geben sich selbst auch mit einer sekundären Rolle zufrieden. Sie können die Vorstellung genießen, daß sie an geheimen Vorgängen mitwirken. Es hat etwas erregend Faszinierendes an sich, »in« und nicht »out« zu sein. Der Preis für eine solche Rolle des »informierten Insiders« kann sehr hoch sein – nämlich die Institutionalisierung einer untergeordneten Position. Weil sie aber von geheimen Vorgängen wissen, wird das Gefühl der Machtlosigkeit weitestgehend eliminiert. Die untergeordnete Rolle in bezug auf

politische Autoritäten kann durch ein Gefühl des Übergeordnetseins über andere Sozialwissenschaftler mehr als wettgemacht werden.

Tabelle 1.2: Kostenaufwand des Bundes für Forschung und Entwicklung, Fiskaljahr 1965, je nach Forschungsbereich

Forschungsbereich	geschätzter Aufwand (in Millionen Dollar)
Weltraumforschung[a]	$ 6.700
Militär	5.200
Medizin[a]	1.300
Nukleare Forschung[a]	1.200
Landwirtschaft	179
Ozeangraphie[a]	138
Meteorologie[a]	108
Wassertransportwesen[a]	129
Erziehung	24
Berufsrehabilitierung	19
Fürsorgeverwaltung	7
Sonstiges (nicht einzuordnen)	87
Gesamtsumme	$ 15.091

Quelle: Bundesbudget 1965

Die Verwendung der meisten Forschungsgelder der Regierung für militärische oder halbmilitärische Zwecke ist ein heikler Faktor, weshalb die Geheimhaltungsmaxime allgemein eher akzeptiert wird. Wie Tabelle 1.2 zu entnehmen ist, bauen beinahe 70 % solcher Fonds auf militärischer oder halbmilitärischer Basis auf. Unter solchen Umständen wundert man sich nicht über die Existenz einer solchen Geheimhaltungsnorm, sondern über die relative Zugänglichkeit von Informationen.

Wenn Sozialwissenschaftler mit geheimen oder vertraulichen Forschungsarbeiten betraut werden, beurteilen sie ihre eigene Bedeutung leicht anhand dieser Position und nicht nach den Verdiensten und Schwächen ihrer eigenen Arbeit (siehe Price, 1954; Hagstrom, 1965). Sie bejahen schon wie ihre Vorgesetzten die Schweigepflicht, um vor einer öffentlichen Kontrolle ihrer Arbeit abgeschirmt zu werden. Sie werden praktisch in ihrer gesellschaftlichen Stellung herabgesetzt, wenn man sie in Kongreßausschüssen öffentlich zur Rechenschaft heranzieht. Wenn

[a] Programmvorschlag durch das Budget. Die anderen Posten wurden vom Autor geschätzt.

der Bericht, den ein Wirtschaftsexperte oder ein Politologe im Dienste der *Central Intelligence Agency* für die Regierung ausarbeitet, so viele Fehler enthält, daß er damit eine politische Katastrophe verursacht, zeitigte die Veröffentlichung dieses Berichts innerhalb der akademischen Gemeinschaft eine negative Auswirkung auf seine Stellung. Die Geheimhaltung hat daher im Fall eines Versagens mehr Vorteile als im Fall des Gelingens. Die beratende Funktion des Sozialwissenschaftlers wird in diesem geschützten Raum zu einer unbekannten Größe. Die einzige Sicherheit, worauf die Bundesbehörden bei der Anwerbung von Sozialwissenschaftlern bauen können, besteht darin, daß sie ihre Wahl unter der sozialwissenschaftlichen Elite treffen, und der von ihnen gebotene finanzielle Ausgleich so hoch ist, daß sie damit die Elite locken können.[3]

Ist ein allgemeines Einverständnis mit den Grundsätzen der Geheimhaltung vorhanden und wird die Unterwerfung unter die Politik akzeptiert, lassen sich Patriotismus und Politik nur schwer voneinander trennen. Akzeptiert man das Recht der Regierung auf Geheimhaltung, folgt auf diesen ersten Schritt oft auch die letzte Konsequenz, nämlich die Notwendigkeit der Geheimhaltung durch die Sozialwissenschaftler. Die Geheimhaltung wirkt sich am stärksten bei der Methode der Sozialwissenschaften aus. Gehen wir davon aus, daß die Vertreter der Politik Sozialwissenschaftler anwerben und sie einsetzen, weil diese Gruppe Objektivität und Ehrenhaftigkeit verkörpert. Die Sozialwissenschaftler bilden ein Bollwerk der Wahrheit, woran die Politiker mit ihren Versprechungen und Praktiken abprallen können. Man glaubt, daß der Sozialwissenschaftler Informationen herbeischaffen kann, die die öffentliche Meinung nicht zu erbringen vermag (oder will). Bis zu einem gewissen Grad werden die Sozialwissenschaftler eingesetzt, um unpopuläre, aber nichtsdestoweniger entscheidende Aussagen zu machen. Stellt man zum Beispiel fest, daß das kommunistische System Chinas lebensfähig ist und nicht vor dem Zusammenbruch steht, so ist das ziemlich riskant, dieser Aussage wird jedoch die Schärfe genommen, wenn sie von Experten der Sozialwissenschaft ge-

---

[3] Genauso ging man für das Projekt Camelot vor. Man holte die Berater aus dem Kreis der bedeutenderen Mitglieder der sozialwissenschaftlichen Gemeinschaft. Siehe U.S. House, Committee on Foreign Affairs (1965a, 1965b).

deckt wird. Unter solchen Umständen bleibt eine Feststellung dieser Art relativ folgenfrei – selbst vor einem Hearing des Senatsausschusses für Auswärtige Angelegenheiten.

Die Sozialwissenschaftler sind der Meinung, daß sie eine gute Ware zum Verkauf oder zur Anleihe anbieten, und zumindest ein Großteil der Gesellschaft teilt diese Meinung. Eifrige Konsumenten sozialwissenschaftlicher Produkte, wie etwa die politischen Entscheidungsträger in der Regierung, treten um diese Dienstleistung mit gleich interessierten, aber minderbemittelten Konsumenten der Sozialwissenschaft in direkten Wettbewerb. Einige haben eine gute Meinung von den Informationen, die die Sozialwissenschaften liefern, einige schätzen sie nur gering ein. Aber nicht alle, die diese Informationen als gut beurteilen, sind auch imstande, die Dienste der Sozialwissenschaft bezahlen zu können. Deshalb sind, wie man Tabelle 1.3 entnehmen kann, die Forschungsfonds praktisch auf Regierung, Industrie und Universitätsorgane beschränkt.

Tabelle 1.3: Die Quellen der Fonds für Forschung und Entwicklung nach Sektoren, 1953–62 (in Millionen Dollar)

Jahr	Gesamt-summe	Bundes-regierung	Industrie	Colleges und Universitäten	andere, nicht auf Gewinn gerichtete Institutionen
1953–54	$ 5.150	$ 2.740	$ 2.240	$ 130	$ 40
1954–55	5.620	3.070	2.365	140	45
1955–56	6.390	3.670	2.510	155	55
1956–57	8.670	5.095	3.325	180	70
1957–58	10.100	6.390	3.450	190	70
1958–59	11.130	7.170	3.680	190	90
1959–60	12.680	8.320	4.060	200	100
1960–61	13.890	9.010	4.550	210	120
1961–62	14.740	9.650	4.705	230	155

Quelle: National Science Foundation

Wegen der komplexen Natur der sozialwissenschaftlichen Aktivität und ihrer steigenden Kosten – sowohl für menschliche als auch für maschinelle Arbeit – wird die Regierung zum Hauptabnehmer. Die Regierungspolitiker erhalten die besten Resultate, weil sie die Sozialwissenschaften am meisten beanspruchen. Private Interessengruppen stellen als Vertreter korporativer Interessen die nächste große Abnehmergruppe für sozialwissenschaftliche Dienstleistungen. Jene Institute für Sozialforschung, die mit Universitäten in loser Verbindung stehen, dienen selten den Bedürfnissen des Bundes. Die Rolle der Stiftungen und Universitäten ist zwiespältig. Theoretisch sollen sie allein die Forschung ankurbeln, besonders wenn Regierungsstellen die angewandte Forschung fördern. Tatsächlich sind sie aber selten an reiner Forschung interessiert. Wenn eine Feststellung zutrifft, dann die Beobachtung, daß sie sich wie öffentliche Organe und Institutionen des Geschäftslebens für angewandte Probleme interessieren, weil ihre Sorge der Rechtfertigung ihres Wertes vor den Spenden aus der Geschäftswelt und von der Regierungsebene gilt. Darüber hinaus bilden große Stiftungen und größere Universitäten oft die politischen Erweiterungen von Bundesbehörden – wenn nicht direkt, so doch mittels Sondergesetze und Regelungen für die Besteuerung von philanthropischen Institutionen und Universitäten. Die Quellen, woraus sich solche Fonds speisen, sind eigentlich ausschließlich auf die oberen Schichten beschränkt. Die Tatsache, daß der Präsident indirekt auf die Auswahl für größere Stiftungen Einfluß nehmen kann, deutet auf die enge Verflechtung zwischen staatlichen und privaten Kontrollinstanzen des Reichtums trotz exakter gesetzlicher Festlegung hin. Diese Fusion von Regierung und Reichtum der Gesellschaften erschwert die Bildung eines pluralistischen Machtsystems als Gegengewicht in der Frage der Gründung von sozialwissenschaftlichen Fonds.[4]

Zwischen der Zahlungsfähigkeit und dem Glauben an die Nützlichkeit der Sozialwissenschaften besteht eine direkte Beziehung. Wer sind die großen Abnehmer? Die Bundesregierung, einige Regierungen der Einzelstaaten, die Groß- und Marketingindustrie. Wer sind die kleinen Abnehmer? Die Bauern- und Arbeitergruppen, im allgemeinen die Mittellosen, die Minoritäten (mit Ausnahme von in sich gut organisierten Gruppen wie reiche religiöse Organisationen, die in die Kategorie der häufigen Abnehmer übergreifen). Im großen und ganzen legen rassische und ethnische Gruppen auf den Einsatz der Gesellschaftswissenschaften nur wenig Wert. Vielleicht ist die Ausnutzung sozialwissenschaftlicher Forschung selbst nur ein direkter Ausfluß des Reichtums. Diejenigen, die sozialwissenschaftliche Institutionen extensiv ausnützen wollen, sind reich genug, um sie in Anspruch

---

[4] Als Verteidigung und Anerkennung dieser Position siehe Lazarsfeld (1959). Als Kritik siehe Horowitz (1963).

zu nehmen; diejenigen, die sozialwissenschaftliche Gruppen herabsetzen, rationalisieren oft nur ihren eigenen Mangel an finanziellen Mitteln.

Das Image der Sozialwissenschaft ist gewöhnlich unter den ärmeren Schichten wesentlich weniger schmeichelhaft als unter den wohlhabenden. Je mehr die Sozialwissenschaftler in die politischen Entscheidungsstellen eingeschaltet werden, um so zugänglicher werden sie für eine elitäre Ideologie. Sie eignen sich schließlich den Grundsatz an, daß jeder, der tatsächlich Veränderungen herbeiführen will, an der Spitze steht. Je näher man also an die Spitze heranrückt, um so wahrscheinlicher kann man beabsichtigte Veränderungen realisieren (siehe Presthus, 1964, besonders S. 3–63).

Diese Geschichte hat zwei Haken. Erstens läßt sich nur selten beweisen, daß in kritischen Augenblicken der Politik auch wirklich die gekaufte und bezahlte Information zugrundegelegt wird. Man kann letztlich genauso gut beweisen, daß Informationen nur dann angewendet werden, wenn sie den politischen Entscheidungsträgern genehm sind, und sie werden dann außer acht gelassen, wenn sie sich den politischen Plänen nicht »einfügen«. Zweitens läßt sich nicht beweisen, daß der einzige Sinn des elitären Modells in der Lösung von Problemen sozialen Wandels besteht. Das Modell von Eliten, die die Welt verändern, ist in sich selbst widersprüchlich. Die Vorstellung kann schmeichelhaft sein, daß man mit dem Zugang zu den Eliten auch den Lauf der Gesellschaft mitbestimmen kann. Was geschieht aber mit der Beziehung zwischen Politiker und Sozialwissenschaftler in einem marxistischen oder Massensystem? Man muß die Gesamtsituation dann im Sinn der sozialen Kräfte verstehen. Setzt der Sozialwissenschaftler jedes andere historisch abgeleitete Modell in seiner Bedeutung herab, so ein Massenmodell, dann läßt er jene Variable unerforscht, die in ihrer Bedeutung untersucht und getestet werden sollte; diese Variablen werden einfach als Teil des bestehenden Ethos des sozialen Lebens heuristisch manipuliert.

Es gibt einen Aspekt an der Geheimhaltungsregel, worauf oft nebenbei, aber selten öffentlich, angespielt wird: Wie gelangt man zu genauen Informationen über potentiell feindliche oder fremde Gruppen? Auf wessen Urteil in Fragen, die Absichten anderer Völker, Rassen oder Gruppen betreffen, kann man sich

in Situationen eines inselähnlichen Daseins oder der Isolation verlassen? Der Charakter des Informanten wurde nicht weniger wie die Qualität der Information zu einem zentralen Problem des Entscheidungsprozesses. Dieses Problem betrifft nicht nur die Außenpolitik. Will man das Potential an Massengewalt bei den amerikanischen Negern abschätzen, stellt sich beispielsweise die Frage nach dem Wert einer Information, die von einer größeren institutionalisierten Vereinigung von Negern stammt. Fragt man die Führungsspitze der *Urban League* nach der Möglichkeit rassischer Massengewalt, geben sie dann dieselbe Antwort wie die Black Muslims oder eine Meinungsumfrage unter den nicht organisierten Schwarzen? Gewöhnlich griff man bei Informationen über »spontanes« Massenverhalten auf institutionalisierte Meinungsäußerungen zurück, wobei unser Überblick über die Situation leicht getrübt wird, wenn wir auf die Information etablierter Organisationen aufbauen. Die Frage der Beurteilung muß geklärt werden, bevor überhaupt Stichproben vorgenommen werden. Der Ernst dieses Problems spiegelt sich in der Tatsache, daß am Höhepunkt der schwarzen Revolution Untersuchungen über Massenverhalten und Massenbewegungen in den Vereinigten Staaten praktisch aus der Arbeit der Verhaltensforscher verschwunden waren (Lazarsfeld, 1963, S. 187).
Noch schwerer läßt sich die Außenpolitik einschätzen. Wie soll man die militärischen Ziele der Volksrepublik China beurteilen? Soll man sich auf Studien aus Hongkong oder auf Informationen von Armeeangehörigen aus Taiwan verlassen? Wenn man also an den Feind nicht direkt herankommt, stellt sich unabhängig vom Zeitpunkt und von einem konkreten Feind die Frage, wie man exakte Informationen gewinnen kann. Die Alternative zur Einstellung der Partisanen besteht darin, die Aussagen der feindlichen Gesellschaft für bare Münze zu nehmen. Beschafft man sich jedoch nur über große Entfernungen hinweg Berichte über wichtige politische und militärische Daten der feindlichen Gesellschaft, so kommt dieses Verhalten der inspiratorischen Interpretation von Bibelstellen gleich. Beispiele vielfältiger und widersprüchlicher Interpretationen aus letzter Zeit sind in Hülle und Fülle vorhanden. Ziehen wir als Beispiel nur die Aufrufe Chinas zur Politisierung der militärischen Kader in Nordvietnam, die aufgefangen wurden, heran. Man »interpretierte« die Bemerkungen einerseits als Hinweis auf eine Unter-

stützung der Kriegsanstrengungen durch China, andererseits als Distanzierung und sogar als Rückzug Chinas vom Kriegsschauplatz oder als Billigung (und Mißbilligung) der Nationalen Befreiungsfront von chinesischer Seite aus. Die Interpretation kann auf diese Weise leicht zu einer Funktion politischer Perspektiven werden anstatt eine objektive Studie der Intentionen einer fremden Macht zu sein.

Der Ausleseprozeß aufgrund der Geheimhaltungsregel führt leicht zum Mißbrauch einer Untersuchung, die wissenschaftlich legitim ist. Er minimalisiert die Möglichkeit empirischer und ethnographischer Erhebungen. Um auf dem Informationssektor Parität herrschen zu lassen, ist es absolut notwendig, über die Handlungen oder Pläne der »anderen Seite« auf den entscheidenden Ebenen der Regierungspolitik Bescheid zu wissen. Ein solches Verhalten widerspricht aber direkt politischen Regeln, die sich mit Überseereisen, mit einer Definition des Feindes und zuweilen mit einer Haltung anderen Völkern gegenüber auseinandersetzen, wonach diese als nicht ganz menschlich eingestuft werden. Man kann schwer die Bedürfnisse der Politik und die Bedürfnisse der Sozialwissenschaften auf einen Nenner bringen. Die Politik kann de jure die Nichtanerkennung einer fremden Macht diktieren, ein Sozialwissenschaftler kann aber unmöglich eine solche politische Empfehlung de facto zur Basis seiner Forschung machen. Er muß einen Weg ausfindig machen, wie er sich über die Nichtanerkennung hinwegsetzen kann, um seiner Funktion als Wissenschaftler gerecht zu werden.

Für diesen unerwarteten Widerspruch zwischen Wissenschaft und Politik findet man nur schwer eine Lösung, wenn man nicht den Feindbegriff in der Sprache eines Nichtpartisanen neu definiert oder das Phänomen des Partisanen nicht als institutionalisierte Grenze der wissenschaftlichen Forschung akzeptiert. Für diese Aufgabe müßte man aber allgemein die Rolle der Sozialwissenschaft im Rahmen einer demokratischen Kultur neu definieren. Unter starkem politischen Streß bringt die Forschung nur Resultate von niedriger Qualität hervor. Bei leichtem Streß kann umgekehrt der Informationsgewinn sehr hoch sein. Demokratie ist mit sozialer Transparenz verbunden; daher verfügen wir auch bei England und der englischen Gesellschaft über viel Wissen. England bildet keine unmittelbare Gefahr, deshalb sind auch Sozialwissenschaftler, die sich mit den Problemen Englands auseinandersetzen, für Fragen der Politik von geringer Bedeutung. Mit der Bedeutung des Subjekts nimmt die Wahrscheinlichkeit einer kritischen Information ab. Solange die politische Lage ausschließlich im Sinne politischer Bedürfnisse definiert wird, ist eine Sozialwissenschaft mit operationalem Wert ziemlich unwahrscheinlich.

Die stolze Ankündigung der Politikwissenschaft in den fünfziger Jahren wich in den sechziger Jahren einem tiefen Skeptizismus gegen ein solches Konzept. Vielleicht ist schon der Begriff der Politikwissenschaft für sich ein terminologischer Widerspruch, den man früher einfach nicht erkannt hat, weil das Verlangen nach exakter Information seitens des Bundes und der Wirtschaft in einer Zeit des deutlichen Verfalls der Massendemokratie überaus stark war. Vom Gesichtspunkt der Staatsführung aus kann eine Politikwissenschaft nie entstehen, weil sich ihre Bedürfnisse auf Souveränität und den Schutz der Staatsbürger richten, selbst wenn Geheimhaltung, Krieg und die zu verurteilenden Formen von Verteidigung und Angriff damit zusammenhängen; vom sozialwissenschaftlichen Gesichtspunkt aus wird eben diese Konzeption der Politikwissenschaft gefordert, weil die wissenschaftliche Gemeinschaft eine ausschließlich therapeutische Definition des gesellschaftlichen Lebens für ihre Analyse letztlich nicht akzeptieren kann. Die Gesellschaftswissenschaft kann niemals die Elemente, woraus sich die politische Souveränität zusammensetzt, als gegeben voraussetzen. Dieser Widerspruch fördert vielleicht eine kreative Spannung. Meine Haltung ist nicht so optimistisch, weil darin meiner Überzeugung nach eine degenerative Beziehung liegt. Die negativen Merkmale, die sowohl für die Politik als auch für die Wissenschaft damit impliziert werden, wiegen den pragmatischen Wert eines Konzepts von der Politikwissenschaft auf.

Über die Doktrin der Wertfreiheit existieren schon so viele Untersuchungen, daß ein weiterer Kommentar überflüssig ist. Das Problem von Fakten und Wert äußert sich jedoch in einem Aspekt, der einer tieferen Analyse wert ist, weil er direkt die Verbindung zwischen Sozialwissenschaft und öffentlicher Politik betrifft. Als Ausdruck persönlicher Ideologie kann man mit Hilfe dieses Dualismus von Faktum und Wert die Tatsache logisch erklären, warum die Informationen an den Meistbietenden verkauft werden. Er ermöglicht die Behauptung, daß die Fakten zum Verkauf bestimmt sind, während die Werte dem Einfühlungsvermögen des einzelnen unterliegen.

Die klassische Trennung von Fakten und Wert kann für die Vertreter einer »harten« Wissenschaft problematischer sein als für die Anhänger einer »leichten« Wissenschaft. Wenn man die Lehre von der Irrelevanz der Werte ernst nimmt, hält man damit für jeden Wert die Vollmacht in der Hand. Die vollständige Trennung von Fakten und Werten stellt für eine strenge Politikwissenschaft eine große Gefahr dar. Konventionell ausgedrückt betrachteten die Anhänger der Theorie der Wertfreiheit diesen Grundsatz als ein funktionales Instrument, um die Sozialwissenschaft gegen jede ideologische Infiltration abzusichern. Es wurde jedoch auf unangenehme Weise deutlich, daß die Vorstellung, Informationen an den Meistbietenden zu verkaufen, mit solchen Personen durchaus vereinbar ist, die überhaupt keine »höheren« Werte besitzen, und nicht nur mit Personen, die jede Äußerung einer Wertpräferenz in ihrer Sozialforschung ablehnen.

Je kostspieliger ein neues Forschungsprojekt zu werden verspricht, desto unzugänglicher sollen die Ergebnisse werden als Preis dafür, daß man als erster das Risiko eingegangen ist, für ein solches Unternehmen Kapital einzusetzen.[5] Im politischen Bereich kann die Forderung nach unterschiedlicher Zugänglichkeit verschiedene Formen annehmen: (1) das politische Organ wird auf einen bestimmten zeitlichen Vorsprung bestehen, bevor die Ergebnisse dem Publikum vorgelegt werden; (2) die Resultate können nur dann sofort zur Verfügung gestellt werden, wenn sie zuvor von der sponsierenden Institution kontrolliert wurden, damit keine Information »delikater« Natur veröffentlich wird; (3) diese Vorgangsweise führt oft zu einer eher formalen Regelung, wo die Veröffentlichung eines esoterischen Dokumentes gestattet wird, während ein vollständigeres esoterisches Dokument als Sonderinformation der Institution überreicht wird; oder (4) der Sponsor beharrt darauf, daß das gesamte Forschungsprojekt, das ausgearbeitet wird, privater Natur ist, und regelt damit alle »Probleme« der Publikation. Die Unterscheidung zwischen »liberalen« und »konservativen« Institutionen geht oft von den Daten aus, die veröffentlicht wurden, und bezieht sich nicht auf die allgemeine politische Anschauung.

[5] Zu dieser Frage siehe den Beitrag von Barber (1966, S. 91–108).

Keine dieser vier Formen, wie Daten in Umlauf gesetzt werden, stellt ein klassisches Modell sozialwissenschaftlichen Verhaltens hinsichtlich des Veröffentlichungsmodus dar. Der bürokratische Modus hat sich zunehmend verbreitet. Selbst auf der Ebene der Veröffentlichung schlichen sich in das politische Spiel neue Elemente ein. Die Frage, worin eine Publikation eigentlich besteht, ist diffizil. Ist ein xerokopierter Bericht eine authentische Publikation? Solche nicht gedruckte Berichte erscheinen regelmäßig und weisen besondere Eigenschaften auf. Sie stehen der Öffentlichkeit nicht zur Verfügung. Sie unterliegen nicht dem Urheberrecht und unterstehen daher nicht der öffentlichen Kontrolle. Selbst xerokopierte Berichte in gebundener Form, die einen »offiziellen Anstrich« haben, bleiben private Dokumente. Daraus entstehen Probleme nicht nur in bezug auf unterschiedliche Zugänglichkeit, sondern auch in bezug auf willkürliche Grenzen der Verfügbarkeit. Es geht nicht nur darum, wer, sondern auch wieviele Personen eine Stellung innehaben, die sie in die Lage versetzt, ein solches Dokument zu lesen. Der Grundsatz der Geheimhaltung wurde zu einem so festen Bestandteil der sozialwissenschaftlichen Publikationen, daß sich das allgemeine Risiko für eine unbeschränkte Verbreitung von Informationen ziemlich erhöht hat.

Die Probleme betreffen einerseits Fragen der Förderung und andererseits ideologische Fragen. Auf der einen Ebene stellt sich die politische Frage nach der Person, die den Forschungsauftrag fördert, während nicht so sehr nach der Art der Forschung gefragt wird. Am anderen Ende des Spektrums stellt sich die wissenschaftliche Frage nach dem Ziel, das sich jedes Forschungsvorhaben setzt. Wie ich bereits angedeutet habe, gilt die eigentliche Frage dem Wesen der Souveränität und der Geheimhaltung.

Völker werden selten als private Entitäten gedacht. Wir betrachten sie eher makroskopisch und einer Untersuchung allgemein zugänglich. Die Souveränität zieht jedoch – wenn nicht explizit, dann sicherlich implizit – den Begriff der beschränkten öffentlichen Verfügbarkeit, das heißt der Geheimhaltung mit sich. Souveränität ist die Feststellung der Bürgerrechte, und solche Rechte bedeuten Restriktionen für Nicht-Bürger. Ein Souverän – sei es nun in universalistisch-nationaler Form oder als eine Person – hat daher eine private Seite, ein privates Selbst.

Das läßt sich am besten in rechtlichen Belangen erkennen, nämlich an der Arbeit der Geschworenen und bei Abhöranlagen im Beratungszimmer der Geschworenen. Vom Standpunkt der Sozialwissenschaft stellt die Phänomenologie des Entscheidungsprozesses in einem geschlossenen Rahmen ein faszinierendes Problem dar. Wie interagieren die Menschen innerhalb »fremder«, eingeengter Grenzen? Beruhen die von ihnen getroffenen Entscheidungen auf rationalen oder irrationalen Indikatoren? Wie gestaltet sich die persönliche Interaktion innerhalb des Beratungszimmers der Geschworenen? Vom Standpunkt eines Souveräns aus verlangt der Entscheidungsprozeß einer Jury zu seiner Realisierung seinen Grundzügen nach die Geheimhaltung. Der Souverän geht von der Annahme aus, daß die Menschen, frei vom Druck der Öffentlichkeit, in privater Interaktion in der Lage sind, Entscheidungen zu treffen, die der Wahrheit näher kommen und daher von größerem Nutzen sind als Entscheidungen, die in der Öffentlichkeit zur Diskussion gestellt wurden. Das ist ein Beispiel für miteinander konkurrierende Bedürfnisse. Die Politik stellt andere Forderungen als die Wissenschaft. Wer ist im Recht? Ist es recht, in einem Juryraum zum Vorteil der Wissenschaft ein Mikrophon aufzustellen, wobei man das Risiko auf sich nimmt, letztlich das Vertrauen der Geschworenen und potentiellen Geschworenen in ein demokratisches Rechtssystem zu untergraben? Oder ist es richtig, ein irrationales System des Entscheidungsprozesses aufrechtzuerhalten, was sehr wohl auf das Geschworenensystem zutreffen könnte, einfach nur, um den Mythos des demokratischen Prozesses zu retten?

Auf dieses Dilemma haben wir keine Antwort parat. Die Tatsache, daß solche Probleme auftauchen, verweist uns auf die Angst und die Sorge der souveränen Mächte, wenn es um die Forschung im Bereich der Außenpolitik geht. Wenn eine Nation die innerstaatlichen Vorgänge in einer anderen Nation untersucht, wird eigentlich nichts Geringeres als das Recht, privat zu bleiben, einer Überprüfung unterzogen. Die Rechtfertigung für eine solche Geheimhaltung kann sehr oberflächlich sein, nämlich auf Gewohnheit und Mythos aufbauen. Gegenwärtig beschäftigt man sich jedoch nicht mit der Souveränität als Problem, sondern mit den *Rechten,* die sich aus der Souveränität ableiten lassen. Von diesem Blickwinkel aus darf man Befürchtungen,

die bei der außenpolitischen Forschung auftauchen, ungeachtet sozialwissenschaftlicher oder politischer Forderungen nicht außer acht lassen.
Für den Souverän, der in Form der Wahl der Kontrolle unterliegt, kann jenes Organ, das die Forschung sponsiert, nicht so wichtig sein wie für das Individuum, das sich auf ein Forschungsgebiet konzentriert. Ob die außenpolitische Forschung unter der Ägide des Gesundheits- oder des Verteidigungsministeriums steht, tritt an Bedeutung hinter der Frage zurück, wie eine solche Forschungsarbeit von der fremden Regierung aufgenommen wird. Sei es nun vom Standpunkt der Öffentlichkeit oder vom privaten Standpunkt aus, die Transparenz der Forschungsfonds ist grundsätzlich von Bedeutung. Es kann die Offenheit in der Frage des Sponsors sehr wohl ein bestimmendes Moment dafür sein, wie zugänglich ein fremder Souverän wird. Direkt ausgedrückt: Die Reaktion des Souveräns auf ein Forscherteam hängt in gewissem Sinn von den Prämissen und Zielen dieser Gruppe ab. Darum muß man die Geheimhaltungsnorm neuerlich überdenken – und man muß verstehen, daß eine solche Norm sowohl die Souveränität als auch die Wissenschaft berührt.

Universitäre Bürokratie und Wertsysteme

Die soziale Ökologie der verschiedenen Handlungen hinterläßt ihre Spuren in der Art der Ergebnisse. Sozialwissenschaftliche Aktivitäten finden gewöhnlich in einem universitären Kontext statt. Die Universität, als gesellschaftliche Kraft gesehen, besitzt streng feudale Elemente. Manche verstehen diese feudale Vergangenheit fälschlicherweise als Humanismus, möglicherweise aufgrund der historischen Distanz zwischen unserer Epoche und der Entstehungszeit des Universitätssystems etwa vor 800 Jahren. Das Universitätsleben besitzt seinen feudalen Kern in einer Personenschicht, die dazu angestellt ist, um sich auf eine Weise zu betätigen, die man eigentlich nicht als praktisch bezeichnen kann. Sie werden dafür bezahlt, daß sie nicht funktional sind. Die Funktion einer Universität besteht in der Absorption aller nicht pragmatischen Aktivitäten, die in jeder lebendigen Gesellschaft stattfinden. Die Tätigkeiten einer Universität können sich auf die Besserung des Menschen beziehen oder auch nicht, pragmatische Ziele als solche machen jedoch nicht die Rolle des Gelehrten als solche aus. Diese traditionelle Nicht-Funktionalität begann unter dem Druck von Vorlesungen zu wanken, die sich einerseits mit Korbflechterei und Schmuckherstellung und andererseits mit Kriegspiel und Systemtheorie befassen. Mitte der fünfziger Jahre herrschte im amerikanischen Universitätsleben noch der große Glaube, die Universität als Ort allgemeiner Theorie und Grundlagenforschung erhalten und am Begriff der europäischen *universitas* festhalten zu können.

Politisch relevante Handlungen werden jedoch gewöhnlich in einem nichtakademischen oder bürokratischen Rahmen gesetzt. Die Politik ist in ihrer heutigen Form von der Staatsführung zu trennen und ist also solche eine moderne Erfindung, die als ein Massenunternehmen in der industriellen Ära einsetzt. Sicherlich gab es in der Antike oder im Mittelalter eine Form der Politik, die mit politischen Klassen verknüpft und wo die politische Struktur organisch auf Klasseninteressen bezogen war. Politik ist als eine eigenständige Tätigkeit, verbunden mit der Ernennung aufgrund von Fachkenntnissen, ein Phänomen des zwanzigsten Jahrhunderts. Dieser politische Stil ist antifeudal. Er beruht auf Prämissen, die die Theorie unmittelbar in die Praxis umsetzen. Dieses Verhalten unterscheidet sich radikal von den traditionellen Neigungen der Universität, sich streng zu separieren, und von dem Mißtrauen gegen eine direkte Konversion von Theorie und Aktion.

Tabelle 1.4: Auswahl aus Aufträgen der Verhaltensforschung bezogen auf das Ausland und ausländische Bevölkerungen

Bezeichnung	Standort	Gegenstand
1963 Amerikanische Mount Everest Expedition	Berkeley Institute of Psychological Research	Psychologische Aspekte des Streß-Verhaltens
Veränderung der Werte bei Japanern, Amerikanern und Amerikanern japanischer Herkunft	Institute of Advance Projects, University of Hawaii	Analyse der Veränderung in den Wertvorstellungen, wenn Japaner mit der amerikanischen Kultur in Berührung kommen
Internationaler Konflikt (Israel und Ägypten)	Stanford University	Analyse der Beziehung zwischen Meinungen und Schriften von Entscheidungsträgern und den tatsächlichen Handlungen, die gesetzt werden

Bezeichnung	Standort	Gegenstand
Symposion über die Forschung im Ausland	Social Science Research Council	Treffen von amerikanischen und ausländischen Wissenschaftlern in Europa über Sozialpsychologie
Kommunikationsformen der Überredung in der internationalen Politik	University of Wisconsin	Wie fremde Staaten auf verschiedene Formen amerikanischer Kommunikation reagieren
Sozialpolitische Vorläufer eines Aufruhrs	Pennsylvania State College	Eine Studie über den Aufstand und damit verbundene Erscheinungen, um die Rolle der Marine zu bestimmen
Nationalismus und der Begriff der internationalen Krise	University of Texas	Die Vorstellungen der Menschen von internationalen Krisen und ihr Verhältnis zur Psychologie des Individuums
Gruppenfaktoren, die die Kreativität beeinflussen	University of Illinois	Eine Untersuchung, wie eine heterogene Gruppe ein allgemein effektives Kommunikationssystem aufstellt, wo sich die Gruppe aus Individuen mit verschiedenen Sprachen und mit unterschiedlichem kulturellen Hintergrund zusammensetzt
Gleichgewicht der Gruppe	Rutgers University	Japanisches Gegenstück zu Studien, die in den U.S. über die Effektivität von Kleingruppen angestellt wurden
Rollentheorie	University of Missouri	Theorie der Rollenstruktur, in Zusammenarbeit mit Australien und England zusammengestellt
Ein Überblick über die Kulturen, wobei einige Faktoren bei der Überredung u. Verhaltensänderung untersucht werden	University of Maryland	Struktur und Verfahren von Methoden der Verhaltensänderung – eine in Japan wiederholte Untersuchung, um die Ergebnisse auf ihre Allgemeingültigkeit hin zu überprüfen

Quelle: U.S.-Repräsentantenhaus, Außenpolitischer Ausschuß, Unterausschuß für Internationale Organisationen und Bewegungen (1965): *Behavioral Sciences and the National Security*. Bericht Nr. 4, Washington D.C.: Government Printing Office.

Diese traditionelle feudal-industrielle Dichotomie wandelt sich dadurch, daß der politische Entscheidungsprozeß sowohl in Form von Kapitalzuwendungen als auch mittels vertraglicher zweckorientierter Abkommen auf das Universitätsleben übergreift. Damit werden sogar die alten Bande zwischen Universitäts- und Geschäftsleben untergraben, die zu Beginn dieses

Jahrhunderts geknüpft wurden. Tabelle 1.4 vermittelt einen einfachen Überblick über Aufträge der Verhaltensforschung als Studien über das Ausland und stellt einen winzigen Indikator dafür auf, inwieweit die Sozialwissenschaften die gegenseitige Durchdringung von Sozialwissenschaften und der Gestaltung der Politik gefördert haben. Zum überwiegenden Teil sind die Forscher Professoren, die ihren Sitz an größeren Universitätszentren haben. Das dient nicht nur der Pragmatisierung von universitären Forschungsprojekten, sondern sichert auch die finanzielle Unterstützung für die Weiterbildung von Graduierten, Verwaltungs- und Büropersonal und ermöglicht bessere Gebäude und Ausstattung.

Das *Air Force Office of Scientific Research*, das *Office of Naval Research* und das *Special Operations Research Office* der amerikanischen Armee besitzen jedes für sich eigene Fondsstellen. Sie ergänzen solche ständige Fonds wie die *National Science Foundation* und die *National Institutes of Health*. Die Unterstützung der Universitäten durch den Bund haben bereits einen solchen Umfang erreicht, daß sich eine Weitervergabe der Aufträge eingebürgert hat. Eine Regierungsstelle kann der *Smithsonian Institution* oder dem *Social Science Research Council* einen Gesamtbetrag zur Verfügung stellen, den sie wiederum an private Stellen und Privatpersonen weiterleiten. 1965 betrug die Gesamtsumme der allein vom Verteidigungsministerium ausgeschütteten Mittel 27 300 000 Dollar (siehe Tabelle 1.5). Diese Summen werden, wie jedem bekannt ist, gewöhnlich auf indirektem Wege durch Universitätsorgane verteilt und nur selten auf direktem Weg durch untergeordnete Behörden, die der Regierung direkt verantwortlich sind. Den Studenten der Wissenschaftssoziologie ist bewußt, daß sich die Universitäten jetzt der Alternative gegenübersehen, entweder solche Zuteilungen von Forschungsaufträgen durch die Regierung zu maximieren oder konstant zu halten.

Dieses Problem trifft nicht die Universität im allgemeinen, sondern die Sozialwissenschaft im besonderen. Insofern die Sozialwissenschaften an die universitären Gewohnheiten gebunden sind, in dem Maß sind sie auch von Problemen betroffen, die über die Politik hinausgehen. Bürokratische Mechanismen und Institute, die der Lenkung und Kanalisierung sozialwissenschaftlicher Aktivitäten dienen, haben zwar an Bedeutung gewonnen, stellen aber in den Vereinigten Staaten noch immer lediglich eine Minorität unter den sozialwissenschaftlichen Gruppen dar. Die Lehre bleibt zum größten Teil die Hauptfunktion.[6] Es ist eine

Tabelle 1.5: Budget 1965 vom Forschungsfonds für Verhaltensforschung und Sozialwissenschaften (in tausend Dollar)

	Militärische Abteilungen			Summe		
	Auftrag $	Eigenmittel $	ARPA[a] Auftrag $	Auftrag $	Eigenmittel $	Gesamtsumme $
Selektion und Klassifizierung	730	1.900		730	1.900	2.630
Bildung und Erziehung	4.150	1.480	60	4.210	1.480	5.690
Dienstplan	300	620		300	620	920
Management der menschlichen Arbeitsleistung, Technik und allgem. Leistung	2.230	2.620	470	2.700	2.620	5.320
Management der menschlichen Arbeitskraft (Anweisung und Retention)	520	430		520	430	950
Gruppeneffektivität	1.270		240	1.510		1.510
Psychophysiologie und Streß	1.650	470		1.650	470	2.120
Unterstützung politischer Planung und strategischer Konzepte	820		210	1.030		1.030
Studien über Ausland, Konterrevolution u. unkonventionelle Kriegführung	1.790		3.070	4.860		4.860
Nachrichten im Ausland	870		250	1.120		1.120
Psychologische Operationen und Waffen	380			380		380
Militärische Unterstützung und zivile Aktion	400			400		400
Entscheidungsprozeß bei militärischen Operationen	110	260		110	260	470
Summe	15.220	7.780	4.300	19.520	7.780	27.300
Prozentsatz	66 %	29 %	5 %	71 %	29 %	

Quelle: U. S. Kongreß, Ausschuß für Außenpolitik, Unterausschuß für Internationale Organisationen und Bewegungen (1965): *Behavioral Science and the National Security*. Bericht Nr. 4. Washington D. C.: Government Printing Office.

[a] Advanced Research Projects Agency

[6] siehe das Nationalregister für wissenschaftliches und technisches Personal (1966) und das *Committee on the National Science Foundation Report on the Economics Profession (1965)*.

nähere Untersuchung wert, wie weit das Zusammenspiel zwischen sozialwissenschaftlichen Aktivitäten und politisch entscheidenden Aktivitäten als ein Rollenkonflikt zwischen feudalen Institutionen auf universitärer Grundlage und modernen Institutionen auf staatlicher Grundlage betrachtet werden sollte. Das Wissen um die verschiedenen Quellen und Schauplätze der unterschiedlichen Arbeitsweisen von Wissenschaft und Politik hilft die heutigen Diskrepanzen erklären. Die gegenwärtigen Strömungen sind nicht vorübergehend oder nur temporär, und können nicht allein auf finanzielle Zuwendungen reduziert werden; es sind grundlegende Unterschiede in der Methode zur Untersuchung von Objekten wie auch Unterschiede in der Einschätzung der Bedeutung dieser Objekte.

Untersucht man die sozialwissenschaftliche Auftragsforschung, muß man zwei Probleme unterscheiden: (1) das Gönnertum, das in jeder Forschung eine Rolle spielt, und (2) das Wesen und die Ziele des Forschungsprojektes. Beide Probleme besitzen zugleich eine methodologische und eine moralische Dimension. Methodologische Richtlinien können alles, nur sind sie keine Antwort auf die Frage nach dem Grund einer Untersuchung. Daher liegt implizit in der Natur des Forschungsprozesses die moralische Basis der Sozialwissenschaft.

Beschränken wir uns auf eine Frage, die im vorhergehenden Abschnitt des Kapitels aufgeworfen, aber nicht beantwortet wurde, nämlich die Frage der Souveränität. Die Souveränität stellt politisch, nicht wissenschaftlich ein letztes Prinzip dar. Die wissenschaftliche Untersuchung einer anderen Nation ist nicht mehr, aber auch nicht weniger legitim als die Erforschung einer anderen Person, denn die Quantität ist kein moralisches Problem. Man kann sich schwer in der nahen Zukunft einen Zustand denken, wo nationale Studien, die bisher ein Teil der Sozialwissenschaft bildeten, verschwinden. Das ganze neunzehnte Jahrhundert gehörte den Europäern und ihren Untersuchungen über die Vereinigten Staaten, von Alexis de Tocqueville bis Harriet Martineau. Die Tradition hielt in diesem Jahrhundert an. Viele der sogenannten klassischen Werke in den Sozialwissenschaften tragen einen nationalen Charakter, die Arbeiten von solchen Männern wie Ostrogorsky und Weber miteingeschlossen. Die Anthropologen machten in der Tat die Nation zu einem grundlegenden Maßstab. Man warf ihnen unfreundliche Handlungen

vor oder die Rolle von säkularen Missionaren, verweigerte ihnen aber nicht den Zugang zum Material.
Es stellt sich die Frage, warum diese traditionelle tolerante Haltung aufgegeben wurde. Erstens arbeiteten die Sozialwissenschaftler in der Vergangenheit nicht für die Regierung. Sie hatten daher kein besonderes Interesse daran, die privaten Aspekte an einer anderen Souveränität ans Tageslicht zu bringen. Zweitens wurde die Frage des Sponsorentums in der Gegenwart besonders akut, weil die operationale Definition der Forschung beträchtliche Angst und Bestürzung hervorrufen soll. Das Ziel operationaler oder instrumentaler Forschung geht über die Forschung selbst hinaus. Latent politische Ziele wecken Furcht, ja sogar Feindschaft bei dem »feindlichen« Souverän gegenüber den »Verkäufern« der Sozialwissenschaft. Drittens wurde das Problem akut, weil die Herrscher einer übergeordneten Nation nicht so sehr an der öffentlichen Seite, sondern vielmehr an der privaten Seite des Lebens in den unterlegenen Nationen interessiert sind. Die untergeordneten Nationen werden nicht als Objekte unparteiischer Forschung, sondern als Objekte mit instrumentalem und operationalem Wert eingestuft.

Autonomie und Relevanz in der Sozialwissenschaft

Kehren wir jetzt zu den Beziehungen zurück, die der Sozialwissenschaftler mit den politisch entscheidenden Organen unterhalten soll. Soll der Politiker eine Entität für sich mit eigener beruflicher Identität bleiben oder sollte er ein Sozialwissenschaftler innerhalb der Regierung sein? Unterscheidet sich der Politiker vom Sozialwissenschaftler durch die Rolle, die er spielt oder aufgrund der Funktionen, die er ausübt? Bevor wir eine Antwort auf die Frage nach den Vor- und Nachteilen der verschiedenen Beziehungen zwischen Sozialwissenschaftler und politischen Entscheidungsorganen suchen, sollten wir genauer auf die Beziehungen eingehen, wie sie heute überwiegend vorkommen.
Teilt man die »Welt« in vier Teile – Grundlagenforschung in den Sozialwissenschaften und angewandte Sozialwissenschaften auf der einen Seite, Exekutive und Legislative innerhalb der Regierung auf der anderen Seite –, so treten interessante Bezie-

hungen in Erscheinung. Die fundamentalen Sozialwissenschaften (Anthropologie, Politologie, Ökonomie, Psychologie und Soziologie) unterhalten zur Regierung andere Beziehungen wie die angewandten Sozialwissenschaften (Verwaltungswissenschaft, Bildung, Recht, Planung und Sozialarbeit). Gliedern wir die Bundesregierung in die präsidiale oder exekutive Regierung (das Personal des Weißen Hauses, die Beamten auf Kabinettsebene) und die permanente oder legislative Regierung (Berufsbeamte, Kongreß und Bundesrichterschaft).
Das Außenministerium, das Verteidigungsministerium und die verschiedenen Exekutivbeamten auf Kabinettsebene ziehen den meisten Nutzen aus den Grundlagenwissenschaften. Durch seine diplomatischen Funktionen wurde das State Department lange Zeit mit Politikwissenschaft und Anthropologie in Verbindung gebracht. Das Weiße Haus ist seinerseits über den *Council of Economic Advisers* direkt mit der Wirtschaftsbranche verbunden. Der *State of the Union Aress* institutionalisiert die Beziehung der Exekutive zur Ökonomie als Sozialwissenschaft. Das Verteidigungsministerium entwickelte in letzter Zeit seine Macht und greift vielleicht deswegen verstärkt auf die neueren Sozialwissenschaften, besonders Psychologie und bis zu einem geringeren Grad auf Soziologie zurück.
Wenn wir zusammenfassen, können wir feststellen, daß die Grundlagenwissenschaften in der Sozialwissenschaft überwiegend vom Präsidentenstab und von der Exekutive der Regierung insgesamt angewendet werden.
Die angewandte Sozialwissenschaft wird wesentlich häufiger vom Kongreß und von der Legislative herangezogen. Bildung, Verwaltungswissenschaft, Sozialarbeit und besonders rechtliche Fragen fallen in die eigentliche Kompetenz vieler Kongreßmitglieder. Die Beziehung der Legislative zu den Arbeitsgebieten der angewandten Sozialwissenschaft ist ihrem Wesen nach nicht nur utilitaristisch sondern auch organisch. Die pragmatische Grundlage der Durchführung von Gesetzen, die sich mit den sich wandelnden zwischenmenschlichen Beziehungen auseinandersetzen, ist die Garantie dafür, daß der Gesetzgeber weiterhin die Dienste der angewandten Forschung in Anspruch nimmt.
Die Kluft zwischen den angewandten und den Grundmodellen in der Sozialwissenschaft, die in den meisten amerikanischen Universitäten spürbar ist, hat ihre Parallele in den Einflußkanä-

len innerhalb der Regierung.[7] Man kann den politischen Entscheidungsprozeß weder als Wissenschaft noch als Rolle einheitlich betrachten. Es besteht ganz im Gegenteil die Tendenz, die politisch entscheidenden Gruppen innerhalb der Exekutive mit den Sozialwissenschaften anders in Verbindung zu bringen als die politisch entscheidenden Organe auf Kongreßebene. Gewiß variieren die Definitionen von »grundlegend« und »angewandt«, trotzdem sind sie konsistent genug, daß man von derart verschiedenen Verhaltensweisen sprechen kann.

Worin bestehen dann die angeblichen Vorteile einer Fusion von Sozialwissenschaft und Sozialpolitik? Der grundlegende Vorteil soll ein verstärktes Verantwortungsgefühl bei den Sozialwissenschaftlern und ein höherer Ausbildungsstand bei den politischen Entscheidungsträgern sein. Das war zumindest die klassische logische Begründung für eine engere Verbindung zwischen politischem Entscheidungsprozeß und Sozialwissenschaft.

Man kann das Ausbleiben dieser Amalgation nicht einfach nur mit Unachtsamkeit oder Faulheit erklären. Im Gegenteil, geht man vom Umfang der Fonds aus, die man zur Realisierung einer solchen Einheit – de facto, wenn auch nicht de jure – einrichtete, so muß man über die kleinen Schritte in Richtung einer solchen Amalgation staunen. Der Grund liegt darin, daß man Therapie unmöglich mit Wissenschaft gleichsetzen kann. Für eine Fusion von Sozialwissenschaft und politischem Prozeß müßte man den gegenwärtig vorherrschenden Begriff von Sozialwissenschaft, den man scharf von der Reformtherapie trennt, völlig aufgeben. Während im zwanzigsten Jahrhundert die angewandte Sozialwissenschaft der Ausdruck der praktischen Vernunft sein kann, kann eine angewandte Sozialwissenschaft nicht das Wesen der sozialwissenschaftlichen Forschungsergebnisse bestimmen. Der Begriff einer Grundlagenwissenschaft erfordert eine strenge

---

[7] Die Richterschaft nützt selbst kaum direkt die Ergebnisse der Sozialwissenschaft aus. Wenn sie überhaupt solche Ergebnisse anwendet, dann mittels der Rechtszeitschriften und Periodika, die sich auf ihren Beruf beziehen. Insofern die Sozialwissenschaft in die Rechtsjournale eindringt, reagiert die Richterschaft auf sozialwissenschaftliche Trends. Das mag mit ein Faktor sein, warum richterliche Entscheidungen über die Beziehung zwischen Schwarz und Weiß so weit nachhinken. Zwischen Richterschaft und Sozialwissenschaften ist das System gegenseitiger Einsichtnahme oft so blockiert, daß wichtige Probleme der Sozialwissenschaften der Aufmerksamkeit der Richterschaft über längere Zeit als sonst bei einer Gruppe auf Bundesebene entgehen.

Trennung zwischen ihren Funktionen und den Funktionen des politischen Entscheidungsvorganges. Am extensiven Gebrauch der Erkenntnisse und Theorien der »Grundlagenwissenschaft« kann man erkennen, daß die Politik auf hoher Ebene diese Unterscheidung impliziert. Je praktischer der politische Entscheidungsprozeß (die Tätigkeit der Legislative ist typisch), desto enger die Bindung an die angewandte Forschung. In Wirklichkeit sieht es so aus, daß die Nützlichkeit der Sozialwissenschaften für die politischen Entscheidungsgrößen von der Trennung abhängig ist, die gewissermaßen zwischen den Sozialwissenschaften und der politischen Situation aufrecht erhalten werden muß.

Für ein Verständnis des gegenwärtigen Dilemmas im Verhältnis von Wissenschaft und Politik sind die gänzlich verschiedenen Vorstellungen wesentlich, die bei den Regierungsbeamten und den Sozialwissenschaftlern über dieses Verhältnis herrschen. Das Interesse der Sozialwissenschaftler richtet sich nicht nur darauf, die wichtigsten Ergebnisse dem »Informations«bedürfnis zugänglich zu machen, sondern auch die Methoden, wie der politische Prozeß in Gang gesetzt wird, und die Resultate dieser Untersuchungen der Politik der allgemeinen wissenschaftlichen Theorie bekannt zu geben. Das Interesse der politischen Entscheidungsträger in der Regierung richtet sich nicht so sehr auf die Sozialwissenschaft als auf die soziale Technik. Die bürokratischen Forschungseinrichtungen, die jederzeit zur Verfügung stehen, werden an den wichtigen Universitäten eingerichtet und versorgen in gigantischen Vereinigungen sowohl die institutionellen als auch die ideologischen Herrscher mit jenen Informationen, wie die Ziele dieses technischen »Systems« mit großem Eifer verfolgt werden können (siehe Boguslaw, 1965).

Die Regierung versucht gegenwärtig, ihre Personalprobleme bei den Schlüsselstellen und Ausschüssen dadurch zu lösen, daß sie solche Leute heranzuziehen bemüht ist, deren Vorstellung von Sozialwissenschaft sich mehr auf Konstruktion nicht aber auf Kritik erstreckt. Im Gegensatz zu solchen Personen, die in ihrer Beraterfunktion nur am Rande auftreten sollen, wurden die Entscheidungsträger mehr aus dem Kreis des Managements in der Geschäftswelt und der Stadtplanung und nicht aus den »echten« Sozialwissenschaften gewählt.

Unter der Regierung Herbert Hoover setzte tatsächlich die

»konstruktive« politikwissenschaftliche Methode ein, um sich dann unter Franklin Delano Roosevelt noch rascher weiterzuentwickeln. Hoover hatte vor allem technische Ambitionen. Sein Bild von der Präsidentschaft zeigte oft stark die Züge eines großen Technikers, eines Ingenieurs der Gesellschaft. Mit der Gründung des *President's Research Comittee on Social Trends* (1930–1932) durch Hoover wurde der Grundstein für das komplizierte Verhältnis zwischen Sozialwissenschaft und Sozialpolitik gelegt, das nun in der amerikanischen Politik zu einem echten Problem geworden ist. Inwieweit dieses erste Unterfangen einem gegenseitigen Bedürfnis entsprochen hat, läßt sich daran erkennen, daß der *Social Sience Research Council,* der von dem von Rockefeller dominierten Spelman Fonds unterstützt wird, die Verantwortung für das *President's Research Committee on Social Trends* übernommen hat. Das Verlangen nach einer Professionalisierung der Sozialwissenschaften fiel mit der Krise der amerikanischen Wirtschaft zusammen – eine Krise, die heftig genug war, um innerhalb der politischen Elite das Bedürfnis zu wecken, bei intellektuellen Strömungen Rückhalt zu suchen, obwohl man sie früher ignoriert, wenn nicht sogar gefürchtet hatte.

Wenn man von der entscheidenden Rolle der »Generation der dreißiger Jahre« ausgeht, was die Entstehung der engen Beziehung zwischen Staatsbeamten und Sozialwissenschaftlern anbelangt, dann ist eine eingehendere Darstellung von drei wichtigen intellektuellen Persönlichkeiten sinnvoll, die ihren Teil zur Schaffung dieser Beziehung beigetragen haben: Charles Merriam, Luther Gulick und Louis Brownlow. Merriam gründete die amerikanische *Political Science Association* und den Sozialwissenschaftlichen Forschungsrat und war von diesen drei Persönlichkeiten der einzige Akademiker. Seine Kontakte zu Regierungsbeamten, regionalen Planern und Managern waren sogar enger als seine Beziehungen zu anderen Sozialwissenschaftlern. Brownlow war Merriams engster Mitarbeiter an der Universität von Chicago. Als Direktor des *Public Administration Clearing House* leistete er seinen entscheidenden Beitrag. Er stand tatsächlich an der Spitze aller Bürgermeister der Nation. Lange vor seinem Anschluß an Merriam in Chicago war Brownlow Bürgermeister von Washington D. C., Knoxville und Petersburg gewesen. Gulick war eine gute Ergänzung. Wie die Familien Dulles,

Kennan und Davies entstammte auch er dem Milieu der amerikanischen *(Congregation) Foreign Mission Society*. John Foster Dulles hatte Gulicks Vater geholfen. Er trat nicht über die Sozialwissenschaft in die Dienste des Planungsstabes der Regierung, sondern unter dem Schutz des New Yorker *Bureau of Municipal Research,* das genauso durch großes Kapital (nämlich durch die Harriman Bankkreise) gefördert wurde.

Der Ausschuß für *Administrative Management* unter Franklin Delano Roosevelt und zuvor unter Herbert Hoover wurde von diesen Männern gebildet. Sie informierten die Regierungsbeamten über die ersten Anzeichen eines neuen, dominierenden »Stils, wie Politik gemacht wird«, nämlich Desinteresse an der Politik als Massenaktivität (womit sich die Sozialwissenschaftler, die an der Politik mitwirkten, nicht auseinandersetzten) und der Politik als der Tätigkeit einer Elite (worauf sich unmittelbar ihr Interesse konzentrierte) (siehe Karl, 1963).

Ihre eigentliche Leistung war der Entwurf des *Executive Reorganization Act* von 1939, worin sich viele Änderungen ankündigten, die später nach dem Krieg unter den Regierungen Truman, Eisenhower und Kennedy vorgenommen wurden. Der *Council of Economic Advisers* war zum Beispiel das erste Resultat dieses Reorganisationsplanes. In der Folge entstand wiederum der *Council of Scientific Advisers*. Die Schöpfer der institutionellen und organisatorischen Formen, wodurch die Sozialwissenschaft zur Sozialpolitik wurde, waren ihrer Ausbildung oder ihrer Veranlagung nach Techniker, Manager oder Planer. Hatten sie mit einem Zweig der Sozialwissenschaft zu tun, dann ohne Unterschied mit der Politikwissenschaft, einem Gebiet, das bei seinem erfolgreichen Versuch einer raschen Professionalisierung sich mehr für Anpassung an die Interessen des Staates als für Kritik an solchen Interessen als Mittel zum Erfolg entschied.

Das Verhältnis zwischen Sozialwissenschaft und Sozialpolitik war nach allgemeiner Anschauung ein Verhältnis der Unterordnung der Sozialwissenschaft unter die Sozialtechnik – sie sollte nicht weniger, gewiß aber auch nicht mehr als Hilfsdienste versehen. Die Politiker wollen auf die Frage »Wofür Wissen?« auf eine pragmatische und direkte Weise antworten: Harold Lasswell wollte Robert Lynds herausfordernde Stellungnahme mit der Versicherung beantworten, daß Wissen zur Erreichung und

Operationalisierung der Bundespolitik auf dem Gebiet von Gesundheit, Wohlfahrt und im Krieg notwendig ist. In der Zeit von 1930 bis 1945 nahmen die sozialwissenschaftlichen Organisationen zu und damit waren sie immer mehr bereit, eine Ideologie des Expertentums zu vertreten. Diese Verbindung von organisatorischem Fortschritt in den Sozialwissenschaften und einer ideologischen Anpassung an das politische System ließ die Beziehungen zu den politisch entscheidenden Zweigen der Regierung zu einer festen Einrichtung werden, wobei die letzten Spuren ideologischen Mißtrauens verschwanden.

Diese neue Entwicklung wirkte sich auf den autonomen Charakter und das Wachstum der Sozialwissenschaften entscheidend aus. Man stellte Richtlinien methodologischer Präzision auf, in die Sozialwissenschaften drang ein weiterer Personenkreis aus verschiedenen Klassen und mit verschiedenem ethnischen Hintergrund ein und die Professionalisierung selbst half, die Aufgaben der Sozialwissenschaft mit den Problemen der Regierung sowohl in Einklang zu bringen als sie auch voneinander zu unterscheiden. Als in den Sozialwissenschaften immer mehr Arbeitsmethoden entstanden, die den Politikern sowohl zugänglich als auch von ihnen abhängig waren, kamen von neuem Zweifel am Wert einer solchen Fusion auf (siehe Lipset und Schwartz, 1966, S. 299–309; Horowitz, 1964b).

In diesem Zusammenhang werden wir direkt mit dem Verhältnis von Autonomie und Integration konfrontiert, das als Problem besonders im Licht der zahlreichen Regierungsaufträge und Ansprüche der Politiker an Zeit, Energie und Fähigkeiten der Sozialwissenschaftler Bedeutung gewinnt. Es geht nicht bloß um den Gegensatz zwischen der Verantwortung des Staatsbürgers und der Rolle, die er im Beruf spielt, sondern es ist eine Frage der Natur dieser Disziplin selbst – wie der Sozialwissenschaftler über die institutionelle Verbindung denkt. Bis jetzt wurde die Autonomie der Sozialwissenschaften selten angezweifelt, was man von der Autonomie der politisch entscheidenden Sektoren in der Regierung nicht behaupten kann. Seitdem diese offen an der operationalen Forschung beteiligt sind, stellen sie nur geringe Ansprüche an die Autonomie.

In der vom Bund geforderten Forschung stellt sich jetzt das Problem an zwei Fronten. Wie verlaufen die Kanäle zwischen den »Verkäufern« und der »Fondsstelle«, sowohl vom Gesichtspunkt der Unabhängigkeit aus als auch vom Gesichtspunkt der Verantwortung? Die Autonomie einer Sozialwissenschaft berührt direkt die Existenzfrage eines jeden Forschungsbereiches. Das stärkste Argument für die Trennung zwischen öffentlicher Politik und Sozialwissenschaft verweist darauf, daß mit dieser Unterscheidung der Begriff selbst verschwinden würde. Das Risiko ist viel größer, wenn man dem verlockenden Dilettantismus »müßiger Spekulation« nachgibt, wodurch jede Forschung nur mehr Befehle ausführt. Ohne ein Element autonomer Entwicklung gibt es keine Wissenschaft. Jede Sozialwissenschaft verwendet viel Zeit auf Diskussionen nicht über die gesellschaftliche Welt als solche, sondern über jene Personen, die in der Welt der Sozialwissenschaften eine kritische Rolle oder eine Befehlsstellung innehaben. Man soll eine solche Selbstreflexion und beständige Selbstprüfung nicht leichtfertig ignorieren, weil gerade sie Verbesserungen im Funktionsablauf einer wissenschaftlichen Theorie anstreben, die operationalen Wert besitzt. Mit anderen Worten, der Autonomiebereich ist weder für die Gestaltung eines Sozialwissenschaftlers noch für jene Momente nebensächlich, die sein wissenschaftliches Verhalten prägen.

Der Fehler der politikwissenschaftlichen Methode besteht darin, daß sie nicht berücksichtigt, wie hoch der Preis für eine rasche Professionalisierung und Integration ist. Mit der Forderung nach einer »Politikwissenschaft der Demokratie«, werden die autonomen und kritischen Merkmale der Entwicklung der Sozialwissenschaft auf ein Minimum beschränkt (siehe zum Beispiel Lasswell, 1951, S. 3–15). Ohne das Merkmal der Autonomie kann man bei einer Wissenschaft weder wirklich von einem Beruf noch von einer Beschäftigung sprechen. In einer Sozialwissenschaft gelten Richtlinien und ist eine Ebene vorhanden, wo die Fachleute unabhängig von ihren Handlungen oder Reaktionen auf politische Fragen in ihrer wissenschaftlichen Arbeit zusammengehören. Mit der Ausschaltung der Autonomie nehmen politische Fragen und ideologische Forderungen überhand und sinkt unausweichlich die Qualität der Forschung. In der Politik rangieren Engagement und Einfluß an erster Stelle; in der Wissenschaft Forschung und Ideen. Nicht der Gegenstand der Forschung oder die Durchführung einer Untersuchung stehen zur Debatte, sondern die Ziele der Untersuchung und die Frage, unter wessen Schutz sie steht.

Die Diskussion über das Verhältnis von Sozialwissenschaft und öffentlicher Politik spiegelt in der Problemstellung vor allem den Glauben (zumindest unter den sozialwissenschaftlichen Experten) an die Effektivität und Durchführbarkeit sozialwissenschaftlicher Aktivitäten im gesellschaftlichen Leben wider. Die Frage nach dem wissenschaftlichen Charakter der Gesellschaftswissenschaften ist nicht mehr zeitgemäß und hat an Bedeutung verloren. Die Effektivität der Sozialwissenschaft ist heute ein Faktum. Gerade zu dem Zeitpunkt, wo in der Wissenschaftsgeschichte die Effektivität sowohl für die Politiker als auch für die Sozialwissenschaftler zweifellos als erwiesen gilt, taucht vage die Frage nach den Zielen der Sozialwissenschaft auf. Die Frage nach dem Zweck war so lange irrelevant, als die Sozialwissenschaften wirklich lediglich eine Literaturgattung waren. Wenn eine Einzelperson über das Wesen der Welt oder des Menschen in der Gesellschaft schöngeistige Reden führt, können solche Gemeinplätze für den anderen unerträglich sein. Verfügt er aber über Pläne zur Neugestaltung der Welt und schreitet mehr oder weniger entschlossen zu ihrer konkreten Verwirklichung, kann man ihn verlachen oder verunglimpfen, man kann ihn aber kaum ignorieren. Diese Erkenntnis hat sich weitgehend durchgesetzt, weshalb die Wertforderungen an die Sozialwissenschaften zu einem zentralen Problem wurden; daher werden Entscheidungen über die Anwendung der Wissenschaft direkt mit den Zielen der Gesellschaft in Beziehung gesetzt.

Vom Standpunkt der Sozialwissenschaften aus ist unsere Generation Zeuge des Absterbens der funktionalistischen wertfreien Ideologie. Die spezifisch autonomen Aspekte jeder sozialwissenschaftlichen Richtung prägen auch deren Geschichte, weshalb auch innerhalb jeder Disziplin dieses Absterben eine andere Gestalt annimmt (Demerath und Peterson, 1966).

Vom Standpunkt des Politikers aus wirkte sich das Ende der alten Methoden genauso einschneidend aus. Den größten Schock versetzte ihnen vielleicht die Erkenntnis, daß es eigentlich einen Politiker als solchen nicht gibt. Es gibt keine Definition des Politikers, die seine Rolle als Sozialwissenschaftler legitimieren kann, sei es nun in der Grundlagenforschung oder in der angewandten Wissenschaft. Die Politiker der einen Abteilung haben mit Politikern aus anderen Abteilungen innerhalb der Regierung nur wenig Kontakt. Der Politiker muß sich immer direkter der

Tatsache stellen, daß er eigentlich kein Vertreter der angewandten Sozialwissenschaft ist, sondern vor allem ein Vertreter des Außenministeriums oder des Gesundheitsministeriums. Mit anderen Worten, seine Rolle definiert sich nicht eigentlich nach seiner politischen Tätigkeit, sondern nach den Erfordernissen jener Abteilung, in der er arbeitet. Er wirkt in Wirklichkeit nicht in Sachen Politik, sondern in Sachen Ideologie (siehe Horowitz, 1965; Silvert, 1965). Wenn jemand nicht gewillt ist, von der Wissenschaft der Ideologie zu sprechen – ein terminologischer Widerspruch in sich –, dann kann er sich unmöglich legitimerweise mit den Gesellschaftswissenschaften ausschließlich vom Standpunkt der Politik aus beschäftigen.

Die Sozialwissenschaften werden wie nie zuvor durch ihre Verflechtung mit politischen Organen herausgefordert und einer Überprüfung unterzogen. Diese Verbindung erhöht die Chancen für eine sinnvolle Forschung und vermehrtes Wissen der Wissenschafter über den Gang der Welt. Auf diese Weise wird auch die Sozialwissenschaft in einem bisher unvorstellbaren Maße korrumpiert – indem Forschungsprobleme nun die Form der Erfüllung von Verträgen annehmen. Der Druck, den Regierungsbehörden durch ihre Forderungen auf die Sozialwissenschafter ausüben, ist ideologischer Natur, und doch bedeuten die vermehrten Bedürfnisse solcher Organe und Behörden wie nie zuvor ein tiefes Verständnis für Gesellschaftsformationen der ganzen Welt. Das Hauptproblem besteht daher eigentlich nicht so sehr in der Beziehung der Politik zur Wissenschaft – eine gemeinsame Herausforderung für Sozialwissenschafter und Politiker –, sondern in der Frage, wie jeder Bereich seine Autonomie erhalten kann, wenn von so vielen Seiten ein integrierender Druck ausgeübt wird. Und die Frage, wie Verflechtung und Autonomie in Einklang gebracht werden können, wird zur nächsten großen Herausforderung an die neuesten Ansprüche, die an die Leidenschaften und Energien der gesellschaftlichen Intelligenzia gestellt werden.

Ashby, E. (1966): Science and Public Policy: Some Institutional Patterns Outside America. In: B. R. Kennan (Hrsg.): Science and the University. New York: Columbia University Press.
Barber, R. J. (1966): The Politics of Research. Washington, D. C.: Public Affairs Press.

Boguslaw, R. (1965): The New Utopians: A Study of System Design and Social Change. Englewood Cliffs, N. J.: Prentice-Hall.

Cardwell, D. S. L. (1957): The Organization of Science in England: A Retrospect. London: Heinemann.

Committee on the National Science Foundation Report on the Economics Profession (1965): The Structure of Economists' Employment and Salaries, 1964. American Economic Review, Bd. 55, Nr. 4 (Dezember), Pkt. 2, Zusatz.

Demerath, N. J., III, und Peterson, R. A. (Hrsg.) (1966): System, Change and Conflict: Functionalists and Their Critics. New York: Free Press.

De Witt, N. (1955): Soviet Professional Manpower: Its Education, Training and Supply. Washington, D. C.: U.S. National Science Foundation.

De Witt, N. (1965): Reorganization of Science and Research in the U.S.S.R. In: N. Kaplan (Hrsg.): Science and Society. Stokie, Ill.: Rand McNally.

Greenfield, M. (1965): Science Goes to Washington. In: N. Kaplan (Hrsg.): Science and Society. Stokie, Ill.: Rand McNally.

Hagstrom, W. O. (1965): The Scientific Community. New York: Basic Books.

Horowitz, I. L. (1963): Establishment Sociology: The Value of Being Value Free. Inquiry: An Interdisciplinary Journal of Philosophy and the Social Science. Bd. 6, Nr. 2 (Frühjahr), S. 129–139.

Horowitz, I. L. (1964a): The New Sociology. New York: Oxford University Press.

Horowitz, I. L. (1964b): Professionalism and Disciplinarianism. Philosophy of Science. Bd. 31, Nr. 3 (Juli), S. 275–281.

Horowitz, I. L. (1965): The Life and Death of Project Camelot. Transaction. Bd. 3, Nr. 1 (November–Dezember), S. 3–7, 44–47.

Karl, B. D. (1963): Executive Reorganization and Reform in the New Deal. The Genesis of Administrative Management, 1900–1939. Cambridge, Mass.: Harvard University Press.

Kassof, A. (1965): American Sociology Through Soviet Eyes. American Sociological Review. Bd. 30, Nr. 1 (Februar), S. 114–124.

Lasswell, H. D. (1951): The Policy Orientation. In: D. Lerner und H. D. Lasswell (Hrsg.): The Policy Science. Stanford, Cal.: Stanford University Press.

Lazarsfeld, P. F. (1959): Reflections on Business. American Journal of Sociology. Bd. 65, Nr. 1 (Juli), S. 1–26.

Lazarsfeld, P. F. (1963): Political Behavior and Public Opinion. In: B. Berelson (Hrsg.): The Behavorial Sciences Today. New York: Basic Books.

Lipset, S. M. und Schwartz, M. A. (1966): The Politics of Professionals. In: H. W. Vollmer und D. L. Mills (Hrsg.): Professionalization. Englewood Cliffs, N. J.: Prentice-Hall.

National Register of Scientific and Technical Personnel (1966). Summary of American Science Manpower, 1964. Washington, D. C.: National Science Foundation.

Parsons, T. (1965): An American Impression of Sociology in the Soviet Union. American Sociological Review, Bd. 30, Nr. 1 (Februar), S. 114–124.

Presthus, R. (1964): Men at the Top: A Study in Community Power. New York: Oxford University Press.

Price, D. K. (1954): Government and Science: Their Dynamic Relation in American Democracy. New York: New York University Press.

Silvert, K. H. (1965): American Academic Ethics and Social Research Abroad: The Lesson of Project Camelot. American Universities Field Staff Reports (West Coast South American Series), Bd. 12, Nr. 3 (Juli).
Simirenko, A. (1966): Soviet Sociology. Chicago: Quadrangle Books.
U.S. House, Committee on Foreign Affairs (1965a): Behavioral Sciences and the National Security. Bericht Nr. 4, Washington, D. C.: Government Printing Office.
U.S. House, Committee on Foreign Affairs (1965b): Hearings on Winning the Cold War: The U.S. Ideological Offensive. S. 9, Washington, D. C. Government Printing Office.

Zweites Kapitel
Wissenschaft und Staat

Dieses Kapitel befaßt sich im allgemeinen mit der Tätigkeit derjenigen Regierungsorgane in den Vereinigten Staaten (wie das Verteidigungs- und das Außenministerium), die sich am stärksten mit den internationalen Beziehungen und den militärischen Problemen auseinandersetzen, und untersucht, wie weit sich ihre Tätigkeit mit den Operationen der universitären Zweigstellen überschneidet (wie das *Stanford Research Institute* und die *Cornell Aeronautical Laboratories*), zu deren Aufgaben gerade diese Probleme gehören. Es ist ein ethnographischer Versuch, eine Art Zusammenfassung jener Diskussionen, die der Autor auf allen Regierungsebenen und Universitätsabteilungen mitverfolgen konnte. Das Modell, das daraus entsteht, erhebt keinen Anspruch auf Geschlossenheit, sondern nur auf Genauigkeit – selbst diese Behauptung ist gemessen an der Voraussetzung des Umfanges unseres Gegenstandes unbescheiden genug.

Das Gebiet, auf das wir uns begeben, ist die Soziologie der politischen Mobilisierung, das heißt die Frage, welches Bild sich die Akademiker von den Politikern und die Politiker von den Akademikern machen. Das Problem besteht in der Erkenntis, ob bei den Interessen, die bei jeder Interaktion zwischen Wissenschaft und Politik vorhanden sind, Gegenseitigkeit oder Inkompatibilität überwiegt.

Um das Problem in den richtigen Rahmen zu stellen, sollten wir unser Hauptaugenmerk auf Fragenkomplexe richten, die für beide Gruppen entscheidend sind: Auf die erste Frage, wie die Sozialwissenschaftler diese Interaktion verstehen, folgt eine Darstellung der Problemkreise eines Politikers. Abgesehen von der Interaktion selbst, werfen die Konsequenzen, die daraus folgen, ihren Schatten auf alle Angebote und Reaktionen, die aus der Beziehung zwischen den beiden Vertragsparteien entstehen. Die Sozialwissenschaftler und Politiker interagieren nicht nur

miteinander, sondern die spezifischen Ideologien, die sie in ihrer Tätigkeit gewinnen, wie auch die Normen, die sie aufstellen, werden zur Richtlinie für gegenwärtige und zukünftige Interaktionen.
Die Bestimmung des Schnittpunktes, wann normatives Verhalten aus- und Konfliktverhalten einsetzt, ist einer der wichtigsten Aspekte an der Beziehung zwischen Akademikern und Politikern; diese Frage ist zugleich am schwierigsten zu lösen. Nur bei der letzten Art von Interaktion ist eine wirkliche Problemlösung möglich. Die Geheimhaltungsnorm ist beispielsweise eine Richtlinie für das bürokratische Verhalten; sie steht mit der Norm der Publizität, die für die meisten Formen akademischen Verhaltens bestimmend ist, in offenem Konflikt. Zweifellos staut sich aufgrund dieser normativen Unterscheidung eine beachtliche Verbitterung auf. Die Unterschiede zwischen den beiden Gruppen scheinen jedoch auf dieser Stufe (für Politiker) dem Wesen der Souveränität und (für Akademiker) dem Wesen der Wissenschaft inhärent zu sein. Man kann sie kaum »ausbügeln« oder »glätten«, einfach nur der besseren Welt wegen, in der wir dann lebten. Eine Klärung der Grundfragen kann ein bestenfalls intellektuelles und ideologisches Klima schaffen, wo man die Unterschiede richtig einschätzt und damit zu leben lernt. Das muß ausdrücklich gesagt werden. Wer eine Reihe von Empfehlungen erwartet, wie er die Beziehungen zwischen Akademikern und Politikern gestalten soll, dem sollte man von einem solchen Versuch abraten, damit wir selbst nicht in den Fehler verfallen, vollkommne doktrinäre Formeln und Rechtszwänge aufzustellen, die sich als wesentlich schlimmer erweisen als das Problem, von dem wir in unserer Betrachtung ausgegangen sind.

Problemkreise aus der Sicht des Akademikers

Geld
Die erste und vielleicht unmittelbarste Erfahrung, die die Sozialwissenschaftler mit den Politikern oder ihren Gegenspielern bei verschiedenen Förderinstitutionen des Bundes sammeln, betrifft die finanzielle Struktur von Aufträgen und Zuwendungen. Zuerst sollte jedoch der Unterschied zwischen Auftrag und Subvention geklärt werden. Wir können Verträge in einer operationalen

Definition als Abkommen mit Sozialwissenschaftlern bezeichnen, die von den Kreisen einer bundesstaatlichen Bürokratie ausgehen. Ein Großteil der Forschung über Thailand, Südostasien oder über die Pax Americana ist Vertragsforschung. Subventionen können als Projekte bezeichnet werden, wo die Initiative von den Sozialwissenschaftlern ausgeht.

Die Unterscheidung zwischen Verträgen und Subventionen sollte trotzdem nicht zu scharf ausfallen, da in Wirklichkeit, wenn auch nicht rechtlich, viele Verträge bei den Sozialwissenschaftlern entstehen. Solche Abkommen können breit angelegt sein, damit der Forscher über einen großen Freiheitsspielraum verfügt, oder können innerhalb starrer Grenzen verlaufen, wodurch ein Projekt auf die »Bedürfnisse« einer Institution zugeschnitten ist. Der Unternehmergeist der Sozialwissenschaftler, vor allem wenn sie in nichtakademischen Forschungsstätten arbeiten, läßt sie ungeahnte Fähigkeiten und ein Gefühl dafür entwickeln, wofür eine Regierung zu zahlen bereit ist. Während also *de jure* eine Unterscheidung zwischen Verträgen und Subventionen sinnvoll ist, ist sie *faktisch* dadurch begrenzt, daß man nicht zu ermitteln vermag, von welcher Seite ein Vorschlag ausgeht und wer für die endgültige Gestaltung des Projektes verantwortlich ist.

Wichtiger als die formale Distinktion zwischen Verträgen und Subventionen ist vielleicht die Disproportionalität der Fonds, die von den verschiedenen Bundesorganen für sozialwissenschaftliche Zwecke errichtet worden sind. Das Verteidigungsministerium plante im Finanzjahr 1967 21,7 Prozent für Forschungsfonds der Sozialwissenschaften, das Außenministerium stellte lediglich 1,6 Prozent seiner Fonds den Sozialwissenschaften zur Verfügung – der Großteil davon entfiel auf die *Agency of International Development*, die über eine eigene Verwaltung verfügt. Diese Disparität ist ein Indiz dafür, daß die Bereitschaft des Verteidigungsministeriums, von den sozialwissenschaftlichen Erkenntnissen Gebrauch zu machen, aufgrund seiner moderneren Einstellung größer ist als im »traditionellen« Außenministerium.

Damit hängt auch der Vorwurf zusammen, daß im Gegensatz zu den Subventionen die meisten Verträge von solchen Behörden wie das Gesundheitsministerium oder den *National Institutes of Health* (NIH) nur geringe Summen an die freie Forschung weitergeben. Die Fonds werden so genau bemessen und so sorgfältig

geplant, so daß mit Ausnahme des Pauschalbetrages, der mehr von den Verwaltern als von den Wissenschaftlern aufgeteilt wird, der Spielraum für solche Arbeiten, die zwar mit dem spezifischen Zweck des Vertrages zusammenhängen, aber nicht direkt damit zu tun haben, sehr eng ist. Hier besteht ein auffallender Gegensatz zu Verträgen mit Physikern oder sogar mit Forschern auf dem Gebiet der Geisteskrankheiten, die einen Teil des Fonds oft für experimentelle Zwecke abspalten können. Selbst die sogenannten etablierten Organisationen wie IDA (*Institute for Defense Analysis*), SDC (*System Development Corporation*) oder RAND (*Rand Corporation*) verfügen bei der Aufstellung ihrer Arbeitsprogramme über einen größeren Spielraum als die gewöhnlich als »frei« bezeichneten Universitätsforscher.
In diesem Zusammenhang mit dem Problem der finanziellen Anerkennung einer »harten«, jedoch »gut bezahlten« Forschung fallen jene Fonds, die der sozialwissenschaftlichen Forschung in ihrer Gesamtheit zur Verfügung stehen. Die Sozialwissenschaftler bezeichnen die Struktur der Fonds oft als irrational. Die Regierungsfonds leiten hohe Summen an große Forschungsteams weiter, während sie die individuelle Forschung nur gering honorieren. Die Regierung intensiviert die Forschungsarbeit großer Teams, indem sie sich vor allem für umfangreiche Subventionen einsetzt, die von Behörden und Instituten verwaltet werden, und indem sie einfach nicht gewillt ist, die Bemühungen einzelner Wissenschaftler zu fördern.
Man setzt voraus, daß Projekte, die sich über einen großen Problemkreis erstrecken, nur durch finanzielle Zuwendungen im großen Maßstab realisiert werden können – ein logischer, wenn auch nicht ganz ein faktischer Trugschluß. Große Subventionen haben den Vorteil, daß sie die Opposition der Bürokratie innerhalb der Regierung minimalisieren und die spezifische Verantwortung für Fehlleistungen der Forscher eliminieren. Zugleich vertieft dieses Verhalten das Dilemma des Wissenschaftlers, der sich für die Forschung auf bescheidener Ebene, für die »Detail«-Forschung einsetzt, die in wesentlich engeren Bahnen verlaufen kann als der Widmungszweck der Subvention absteckt. Die jetzt gültige Auftragsstruktur fördert die unternehmerische Hypokrisie in einem Ausmaß, wie sie einem Einzelforscher oft fremd ist und demjenigen teuer zu stehen kommt, der sich für Ideen und Projekte einsetzt. Während sich die Projekte einzelner Institutio-

nen, wie bekanntlich der *National Science Foundation* (NSF), diesem bürokratischen Trend entgegenstellten, wird der Großteil der Fonds weiterhin ohne Rücksicht auf die Personen, die an diesem Forschungsprojekt arbeiten, ausgeschüttet.

Geheimhaltung

Die Sozialwissenschaftler übten verstärkt Kritik an der Geheimhaltungsnorm der Regierung. Beruflich bedingt konzentrierte sich der Sozialwissenschaftler gewöhnlich mehr auf Publizität als auf Geheimhaltung. Die Regierungspolitik legt nicht nur auf den Zugang zu lebenswichtigen Informationen Wert, sondern auch darauf, daß über solche Informationen besonderes Stillschweigen bewahrt wird, je nachdem, welchen Entscheidungswert diese Daten besitzen. Dieser Grundsatz führt zwischen Analytikern und politischen Entscheidungsträgern zu unterschiedlichen Maßstäben und Spannungen.
Die Kosten für die Forschung und die Arbeitsbedingungen machen gewöhnlich einen anfänglichen Kompromiß mit der sozialwissenschaftlichen Methodologie notwendig. Der Sozialwissenschaftler ist kognitiv gebunden. Er ist dazu konditioniert, nicht das Maximum an Information zu liefern, um den Bundesbehörden nicht zum Opfer zu fallen, die seine Dienste ausnützen. Seine Mitarbeit wird jedoch gerade wegen der Sorgfalt, Unparteilichkeit und Redlichkeit geschätzt, die man bei ihm voraussetzt. Der Sozialwissenschaftler, der im Dienst der Regierung überlebt, wird »vorsichtig« oder lernt die Spielregeln. Er ist in seinem Wert für die Sozialwissenschaft ernsthaft gefährdet. Zugleich aber stellt er seine Nützlichkeit auf dem politischen Sektor in Frage, sobald er solche Überlegungen anstellt.
Die Sozialwissenschaftler klagen darüber, daß die Schweigepflicht von ihnen oft die Aufopferung ihrer für ihre eigene Arbeit wesentlichen Prämissen verlangt. Ein entscheidender Faktor, wodurch sich beim Sozialwissenschaftler die Ablehnung der Schweigepflicht verstärkt, besteht darin, daß die Forschungsfonds der Regierung zum Großteil militärischen oder halbmilitärischen Zwecken gewidmet sind. Der Bericht des Senates der Vereinigten Staaten hat gezeigt, daß annähernd 50 Prozent der Bundesfonds für die Sozialwissenschaften einer Art Kontrolle durch den Bund unterworfen sind.

Nicht die Restriktionen selbst, die der Anwendung sozialwissenschaftlicher Erkenntnisse auferlegt werden, versetzen in Erstaunen, sondern die relative Zugänglichkeit zu einem umfangreichen Informationsbündel. Das Material wird in Wirklichkeit so unangemessen und uneinheitlich eingestuft, daß Dokumente (wie die Pax Americana-Forschung), die von der einen Stelle als vertraulich oder geheim klassifiziert sind, von einer anderen Behörde als »*public service*« zugänglich gemacht werden. Es kann gelegentlich auch vorkommen, daß Dokumente, die von der Regierungsstelle als Sponsor in eine besimmte Kategorie eingestuft werden, ohne Gegenleistung für das private Forschungsinstitut, welches die eigentliche Arbeit geleistet hat, sichergestellt werden können.
Die Sozialwissenschaftler sind davon überzeugt, daß Offenheit mehr als die Erfüllung der formalen Bedingungen der wissenschaftlichen Normen bedeutet. Sie verlangt zugleich, daß die Informationen allgemein zugänglich gemacht werden. Die Schweigepflicht fördert die selektive Darstellung von Unterlagen. In dieser Frage steht der Sozialwissenschaftler in Opposition zum Politiker, weil beide von der Bedeutung der Daten, die im allgemeinen auch von anderen überall wiederholbar sein müssen, eine unterschiedliche Vorstellung besitzen. Der Politiker verlangt, daß die Forschungsergebnisse verschieden zugänglich sind, und sieht darin den üblichen Preis für das Risiko, daß er das Kapital zur Verfügung gestellt hat. Der akademische Sozialwissenschaftler geht allgemein davon aus, daß die Förderung der Forschung noch keine Institution zum unangemessenen Gebrauch der Resultate berechtigt; er ist überzeugt, daß die Förderung durch Bundesbehörden die Auswertung der Arbeit nicht mehr einschränken sollte als die Förderung von privaten Stellen oder Universitäten.

Loyalität
Das dritte wichtige Problem, das den Sozialwissenschaftler direkt betrifft, ist seine doppelte Verpflichtung. Der Sozialwissenschaftler weist oft auf die Belastung hin, weil die Arbeit der Regierung so spezifische Anforderungen und Ziele stellt, daß dadurch seine Autonomie beeinträchtigt wird. Er sieht sich gezwungen, zwischen einer vollen Mitarbeit an der Bürokratie und

der Zugehörigkeit Teilnahme zu seiner engeren und vertrauteren akademischen Welt zu wählen. Er will jedoch nicht durch die eine Welt zur Isolation in der anderen Welt getrieben werden. Deshalb übt er oft am Unwillen der Regierungsbürokratie Kritik, die seine Grundbedürfnisse nicht anerkennen will: (1) das Bedürfnis, zu lehren und seine volle akademische Identität zu bewahren; (2) das Bedürfnis, die Information zu publizieren und vor allem (3) das Bedürfnis, die wissenschaftliche Verantwortung über die Verpflichtung dem Vaterland gegenüber zu stellen, sollte es zwischen den beiden Forderungen zu einem Konflikt kommen. Kurz gesagt, er will durch eine zweiseitige oder widersprüchliche Verpflichtung in keinen Konflikt geraten.

Die Schweigepflicht beseitigt dieses Problem. Während viele Sozialwissenschaftler sich an Forschungsprojekten des Bundes beteiligen, weil sie die Möglichkeit, an wichtige Fragen und Probleme herangehen zu können, verlockt, sehen sie sich einer Bürokratie gegenüber, die ihre Leidenschaft, *gesellschaftliche* Probleme lösen zu wollen, oft nicht teilt. Die Verpflichtung dem Bund gegenüber läßt die Bürokratie oft solche Projekte vorziehen, die *militärisches* Potential besitzen und für das Militär effektiv sind, während sie viele idealistische Probleme, woran die Sozialwissenschaftler interessiert sind, hintanstellen.

Die Sozialwissenschaftler sind als Angestellte oder als Berater der Regierung oft durch Bundesbehörden lahmgelegt, die selbst wiederum in ihrer Freiheit durch politische Umstände behindert werden, die außerhalb ihrer Kontrolle liegen. Eine Bundesbürokratie muß die Leitung von schwerfälligen, umfangreichen Ausschüssen und Institutionen zur Datensammlung übernehmen. Die Bundesbehörden schützen oft einen Status quo, bloß um ein rationales Funktionieren zu gewährleisten. Sie müssen den Akademiker in ihrer Mitte nach einem Standardmaß in die Bürokratie einordnen, das auch berechtigt, innerhalb des Bundes gewisse Ränge zu bekleiden. Neuerungen werden von den Bundesbehörden nur insoweit übernommen, als sie unmittelbar nützlich sind, nicht aus eigener Entscheidung oder aus einem Ressentiment gegen die Sozialwissenschaftler heraus, sondern aus unpersönlicher Notwendigkeit. Dadurch reduziert sich die Rolle des Sozialwissenschaftlers innerhalb der Regierung auf die Stellung eines Verbündeten oder Beraters und nicht auf die Stellung eines Reformers oder Planers. Die Sozialwissenschaftler, besonders

wenn sie mit den Universitäten noch im engen Kontakt stehen, merken allmählich, wie unrealistisch ihr Enthusiasmus für eine schnelle Veränderung in Anbetracht dessen ist, wie wenig die Regierungsbürokratie realisieren kann. Sie wehren sich schließlich dagegen, vollkommen ohne Theorie in konkreten Situationen eingesetzt zu werden, die ihnen von den »neuen Utopisten« aufgezwungen werden, wobei der Wert einer Konfrontation des Menschen mit der breiten Skala möglicher Handlungen verlorengeht. Das Schisma zwischen Autonomie und Verpflichtung wirkt sich auf seine spezifische Weise genauso stark aus wie das Schisma zwischen Schweigepflicht und Publizität, weil es sich den raschen und überlegten Forderungen an die menschliche Steuerung entgegenstellt.
Das Problem der konkurrierenden Verpflichtungen vereinfacht sich auch dann nicht, wenn viele Bürokraten im gehobenen Staatsdienst einer streng nationalistischen und konservativen politischen Ideologie anhängen, die zur Ideologie des Sozialwissenschaftlers einen großen Gegensatz darstellt. Der Sozialwissenschaftler zieht in die Hauptstadt der Nation nicht nur mit dem Glauben an den Primat der Wissenschaft über den Nationalismus, sondern besitzt auch eine vom Ziel her offenere Definition des Begriffes Patriotismus und eine bewußt liberalere Einstellung als die meisten ernannten Beamten. Er sieht daher oft, daß der Konflikt nicht nur durch die Struktur der Forschung und das Problem der gesellschaftlichen Anwendbarkeit bedingt ist, sondern aus den miteinander unvereinbaren Ideologien folgt, wie sie einerseits von den Sozialwissenschaftlern und andererseits von den etablierten Bürokraten in Washington vertreten werden. Er stellt sich allmählich in Opposition zum Bürokraten, der den Regierungsprozeß wie sein »Eigentum« betrachtet. Er kommt zu dem Schluß, daß seine sozialwissenschaftlichen Neigungen ein notwendiger Puffer gegen die Bundesbürokratie sind.

Ideologie
Eine Frage, die gerade jetzt auftaucht, wo viele Sozialwissenschaftler an Forschungsprojekten, die der Bund finanziert, beteiligt sind, bezieht sich auf das Verhältnis zwischen den heuristischen und wertorientierten Aspekten an ihrer Tätigkeit. Einfa-

cher ausgedrückt ist es die Frage, ob der Sozialwissenschaftler nicht nur einen operationalen Rahmen an Wissen liefern, sondern auch an der Gestaltung eines lebendigen ideologischen Systems mitwirken sollte? Hat er das Recht, die Ziele sozialer Forschung für die Sozialwissenschaft zu diskutieren, zu überprüfen und vorzuschreiben? Die Frage, ob Sozialwissenschaftler, die im Regierungsdienst stehen, überhaupt solche Probleme aufwerfen, ist von geringerer Bedeutung als die Tatsache, daß einige Wissenschaftler genau aus diesem Grund jede Verbindung zur staatlichen Bürokratie ablehnen.

Viele Sozialwissenschaftler vor allem in der Auslandsforschung lehnen entschieden die Anschauung der Regierungspolitiker ab, die die Sozialwissenschaft auf die Heuristik, die Aufstellung operationaler Regelsammlungen und Darstellung von Fakten über die eigene und andere Gesellschaften einschränken wollen; der Sozialwissenschaftler soll der Erhaltung von Militärmissionen dienen. Die Sozialwissenschaftler betrachten ihre Arbeit jedoch auch von der Warte ihrer normativen Funktion der Grundsätze und Ziele der Außen- und Innenpolitik aus. In Anbetracht des geringen Spielraums für Irrtum und Fehler können Politiker Fehlschätzungen nicht absorbieren. Das hindert den Sozialwissenschaftler an Forschungsarbeiten, die sich über einen längeren Zeitraum erstrecken, wodurch der Empirizismus zum gemeinsamen Nenner für jede Forschung wird. Faktische Darstellungen werden nicht nur »wertfrei«, sondern auch »problemfrei«.

Darin steckt nicht so sehr der Hinweis auf eine Wahl zwischen reiner und angewandter Sozialwissenschaft, sondern eine Folge unterschiedlicher Betrachtungsweisen vom Wesen der Anwendung. Sozialwissenschaftler, die für das politische Establishment arbeiten, erkennen genau, daß die angewandte Forschung gerade hier ansetzen soll. Sie kündigen als erste dieses Charakteristikum als das eigentlich neue Element an der amerikanischen Sozialwissenschaft verglichen mit der europäischen Sozialwissenschaft an. Bundesbeamte arbeiten jedoch mit einem Begriff von Anwendung, der oft theoretische Überlegungen aus der Forschung ausschließt. Sie setzen das Zukunftsbild mehr aus den harten Tatsachen der Gegenwart zusammen, anstatt die Handlungen und Interessen als Typen und deren Verhältnis zueinander in der Gegenwart zu analysieren; diese Methode

führt zu einem begrenzten administrativen Utopismus und vermittelt die Illusion, daß man damit die Forderungen nach Theorie und offener ideologischer Bindung erfüllt hat.
Die gesellschaftliche Welt wird wie ein Feld von Verhaltensweisen konstruiert, deren Eigenbewegung und Manipulation für die Bemühungen der Politiker um eine Zukunftsplanung reserviert sind. Die Sozialwissenschaftler sind sich aber klar darüber, daß die »Interessen« und ihre repräsentativen Werte auf diesem Gebiet um Einfluß ringen und daß Gesellschaftsplanung oft eine Frage der Wahl zwischen diesen Werten um der politischen Ziele willen ist. Darum treten zwischen Sozialwissenschaftlern, die ihre Arbeit als politisch betrachten, und den Bundesbürokraten, die die Arbeit der Sozialwissenschaftler lieber getrennt von Politik betrachten, Spannungen auf. Vertreter der Bundesverwaltung gehen gewöhnlich dann von ihrer Methode der Repolitisierung der Erkenntnisse potentiell veränderlicher Sozialforschung ab, um sie damit leichter zur Legitimierung ihrer eigenen bürokratischen Aktivitäten verwenden zu können. Die Sozialwissenschaftler hegen den Verdacht, daß ihre Arbeit nach ihrer Effizienz und Anwendbarkeit auf unmittelbare und konkrete Situationen bewertet wird. Die Fähigkeit des Gesellschaftssystems, sich mit großen und längerfristigen Problemen auseinanderszusetzen, wird außer acht gelassen.

Entlohnung
Die Bundesbürokraten bemessen die Gegenleistung für die Mitarbeit der Sozialwissenschaft an der Regierung nach den Ausgaben, die sie verursacht. Diese Unkosten erscheinen als Folge von Forschung im Rahmen »großer Teams«, die (wie das Modell-Städteprogramm) ungeheure Subventionen bedeuten. Darüber hinaus wird der hohe Status von Einzelpersonen dann geschätzt, wenn sie mehr im Zentrum als an der Peripherie des politischen Entscheidungsprozesses stehen und damit die Möglichkeit haben, die Politik auf hoher Ebene zu beeinflussen, wertvolle Informationen sicher zu liefern und ihr Prestige auf die Projekte, woran sie sich beteiligen, zu übertragen. Man kann hinzufügen, daß viele Sozialwissenschaftler, die Forschungsaufträge von der Regierung übernehmen, gerade diese Gegenleistung in Form von Machtzuwachs suchen.

Selbst solche Sozialwissenschaftler, die mit der Regierung – schon mehr als Angestellte und nicht Berater am Rande – zusammenarbeiten, verhalten sich dem System der Gegenleistung gegenüber sehr reserviert. Erstens unterliegt die Arbeit der Sozialwissenschaftler, wie wir bemerkt haben, in verschiedenen Abstufungen der Geheimhaltung, wodurch ihr Drang, ihre Arbeit der Öffentlichkeit vorzulegen, unterbunden wird. Zweitens müssen die Sozialwissenschaftler die Fehler in der Politik mitverantworten. Wenn sie ihre Pflicht gut erfüllen, werden sie daher unter Umständen unter schwierigen Bedingungen öfters öffentlicher Kritik unterzogen, als daß sie Lob ernten, wenn sie ihre Pflicht erfüllen. Drittens unterliegen gerade jene Sozialwissenschaftler, die mit den politischen Institutionen den engsten Kontakt pflegen, am ehesten der Kontrolle des Kongresses und anderen Formen von Überprüfung und Einmischung, wie sie sonst rein akademischem Personal unbekannt ist.

Der Sozialwissenschaftler, der von der Regierung angestellt ist, geht Risiken ein, die seine Kollegen an der Universität nicht auf sich nehmen. Er behauptet oft, daß diese Risiken von den Akademikern nicht entsprechend erfaßt oder von den Politikern nicht genug honoriert werden (die Gehaltsskalen beispielsweise sind beim Bund angemessen, aber nicht merklich höher als die Gehälter von Akademikern). Ein Nebenverdienst durch Publikationen ist den vom Bund geförderten Sozialwissenschaftlern oft verwehrt. Die Publikation ist aus anderen Gründen ein heikles Problem. Die Furcht der Sozialwissenschaftler, ihre berufliche Anerkennung und ihren Namen einzubüßen, scheint proportional mit ihrer Entfernung von der Universität zuzunehmen. Nur wenig Wissenschaftler, die im Staatsdienst stehen, ernten in ihren Berufskreisen Anerkennung und nur wenige gelangen innerhalb dieses professionellen Establishments zu Einfluß. Die Marginalität, das heißt das Außenseitertum, das durch die Arbeit beim Bund verursacht wird, bedeutet, daß jene Wissenschaftler, die eine Förderung durch Regierungsinstitutionen annehmen oder sogar eine Beraterfunktion übernehmen, es ablehnen, die Bindung mit einer staatlichen Verwaltungsbehörde allem voranzustellen. Aus diesem Grund bleibt die Liste der hochqualifizierten Sozialwissenschaftler, die sich für einen Verbleib in der Regierung als Experten im Staatsdienst entscheiden, unverändert.

Während Außenseiter den vom Bund geförderten Sozialwissenschaftlern oft den Vorwurf machen, daß sie sich »verkaufen«, verteidigen sich diese damit, daß sie für die Möglichkeit einer positiven Einflußnahme auf sozialen Wandel Opfer bringen. Diese Selbstverteidigung wird jedoch von ihren Kollegen auf dem akademischen Sektor (als auch von ihren angeblichen Gönnern in der staatlichen Bürokratie) oft skeptisch aufgenommen, denen so ein hypersensitiver Moralismus verdächtig erscheint. Die Frage der »Gegenleistungen« endet schließlich damit, daß der Status, den sie durch die enge Verbindung zu den Schaltstellen der Macht erringen, durch die Isolation zu den eigentlichen Machthabern – sowohl zu den akademischen als auch zu den politischen – wettgemacht wird.

Problemkreise aus der Sicht des Politikers

Die Klagen der Sozialwissenschaftler über ihre Schwierigkeiten mit der von Regierungsseite unterstützen Forschung haben mehr Aufmerksamkeit auf sich gezogen als die Klagen der Bürokratie über die Sozialwissenschaftler, einfach weil die Sozialwissenschaftler gewöhnlich ihren Gefühlen besser Ausdruck verleihen und genauer ihre Klagen in bezug auf die von ihnen verrichtete Arbeit registrieren. Darüber hinaus besitzt auch die Beziehung zwischen Sozialwissenschaftler und Staatsbeamten für den Sozialwissenschaftler eine größere Bedeutung als für den Bürokraten. Es verwundert daher nicht, wenn die Klagen der Regierung über die Sozialwissenschaftler nur wenig Verständnis gefunden haben.
Bundesbehörden und ihre bürokratische Führung bleiben hinsichtlich der Notwendigkeit der Anwendung von Materialien aus der sozialwissenschaftlichen Grundlagenforschung für ihre eigenen Formulierungen skeptisch. Unter den traditionell ernannten Beamten hat der regionale Anwalt oder Parteimitarbeiter die Schlüsselstelle inne, um die Informationen nach oben weiterzuleiten. Auf vielen militärischen Sektoren kommt das spezielle Wissen hauptsächlich aus den Reihen des Militärpersonals, die militärische Funktionen ausüben, und bedarf keiner Gültigkeitserklärung der Sozialwissenschaft. Mit der Reaktion auf die »Experten« des Verteidigungsministeriums erlebten wir selbst,

daß Bemühungen von außen als Einmischung betrachtet werden können. Hohe Militärs protestierten wie viele Politiker laut gegen das Verteidigungsministerium, wobei in ihrer Kritik eine traditionelle Haltung durchklingt, die militärische Intuition und empirische Auseinandersetzung mit der wirklichen Welt gegen mathematische Methoden und der Methode des Elfenbeinturmes ausspielt.

Mit ihrem Versuch, diese Zweifel und Verdächtigungen durch Memoranden und Dokumente zu zerstreuen, die die Effektivität der Sozialwissenschaft für direkte politische und militärische Zwecke beweisen, verstärken sie eher die negative Einstellung als daß sie sie überwinden helfen. Wenn die Wissenschaft so auf die Politik reagiert (wie es bei den Empfehlungen an den *Defense Science Board* der Fall war),[8] bestätigt sie nur selbst den Mangel an Autonomie, wenn nicht sogar ihre eigene Unfähigkeit. Sie kann nicht mit moralischen Erklärungen und öffentlichen Angeboten an die Regierungsorgane ihren Wert unter Beweis stellen. Die ausschließliche Einstellung der Sozialwissenschaft auf die Dienstleistung im Gegensatz zur »feudalen« Orientierung der unabhängigen Wissenschaft weckt Zufriedenheit beim Ausführenden, doch der Glaube an seine Erkenntnisse fehlt. Damit läßt sich die Abneigung gegen die sozialwissenschaftliche Forschung erklären, die man vom Generalstab bis zum außenpolitischen Ausschuß des Senates findet. Die Produzenten intellektueller Arbeit werden dann gut bezahlt, wenn sie sich zu einer mächtigen Gewerkschaft oder Vereinigung zusammengeschlossen haben – wie es bei vielen Sozialwissenschaftlern der Fall ist –, sie nehmen aber in einer politischen Atmosphäre, die auf schnelle und billige Lösungen drängt, kaum einen hohen Rang ein.

Verschwendung

Die Verwaltungsbeamten üben bei der Wissenschaft vor allem daran Kritik, daß die Sozialwissenschaftler immer stärker Stif-

---

[8] *The Report of the Panel on Defense Social and Behavioral Sciences* forderte dringend verstärkte Bemühungen und Unterstützung für die Erforschung der Menschen und ihrer Wirkung in all ihren Formen: Untersuchungen über Organisationen, über den Entscheidungsprozeß, verstärkte Interventionsforschung im Ausland und Forschung über den Menschen und seine Umwelt. Als Analyse dieses Berichtes siehe Horowitz (1968).

tungen fordern und eine Sonderbehandlung verlangen, obwohl sie an Projekten arbeiten, die oft nur geringen taktischen Wert besitzen. Das überträgt sich auf den Vorwurf der Inpraktikabilität. Die Kritik des Rechnungsprüfungsausschusses am *Hudson Institute*, das vom Verteidigungsstrategen Herman Kahn geleitet wird, ist typisch dafür. Ausgehend von Vorwürfen seitens des *Office of Civil Defense* wurde die Arbeit des Hudson Institute auf dem Gebiet der Verhaltenswissenschaften heftig als »weniger nützlich als erwartet« kritisiert, und ohne »größere Revision« als inakzeptabel bezeichnet. An verschiedene sozialwissenschaftliche Berichte, vor allem an Berichte von halbprivaten Institutionen, kritisierte man ihre Oberflächlichkeit, ihre »schlaffe« Gedankenfolge, ihre Sensationsgier und vor allem die fehlende unmittelbare Relevanz.

In Erwiderung darauf betonen die Sozialforscher als Zweck eines guten Berichtes die theoretische Bemühung und nicht die praktische Lösung aller anstehenden Fragen. Die Regierungsorgane sollten, so argumentieren sie, nicht bei jedem Forschungsvorhaben eine hohe Erfolgsquote erwarten. Ein Grund für die Beständigkeit dieser Kritik liegt darin, daß die Forderungen nach kostspieligen und utilitaristischen Forschungsprojekten selten bestritten werden. Die fragwürdige Praktikabilität vieler sozialwissenschaftlicher Forschungsaufgaben belastet diese Beziehung und kann erst dann beseitigt werden, wenn die Sozialwissenschaftler selbst eine geeignete Formel erarbeitet haben, die als Richtschnur für den Wert der Relevanz im Gegensatz zur Forderung nach Relevanz dient.

Inutilität

Dieser erste kritische Punkt wird durch weitere Kritik der staatlichen Sponsoren an den Akademikern erweitert – nämlich, daß kein System auch tatsächlich die Nützlichkeit dieser Forschungsergebnisse garantieren kann. Bei einem Forschungsunternehmen ist der Unterschied zwischen dem ersten Vorschlag und Entwurf und der Realisierung gleich groß wie zwischen den *Resultaten*, die man erzielt, und dem *Prozeß*, der Auseinandersetzung mit dem Problem. Selbst wenn die Pläne oft sorgfältig erarbeitet und attraktiv angeboten wurden, führten sie doch zu enttäuschenden Ergebnissen. Während viele aufgeschlossene Institutionen wie NIH (National Institute of Health), NSF (National Science Foundation) oder OEO (Office of Economic Opportunity) sich klar darüber sind, daß man Forschungsmodelle genehmigen muß, zeigen solche Institutionen, die mehr in der reinen Wissenschaft und der technischen Tradition verwurzelt sind, weniger Toleranz gegenüber einer solchen Experimentierfreudigkeit.

Darüber hinaus wirft man den Akademikern, die im Auftrag der Regierung arbeiten, vor, daß sie ihre Antworten »übertrieben konservativ« gestalten, um die staatliche Bürokratie versöhnlich zu stimmen. Das kann jedoch gerade dann eintreten, wenn der Verwaltungsbeamte neue Wege einer liberalen Politik einzuschlagen versucht. Der Alltag in einer staatlichen Behörde gestaltet sich um vieles schwieriger, weil sie nicht nur mit der Trägheit der Behörde und den konservativen Bindungen der leitenden Beamten fertig werden muß, sondern auch mit den Forschungsberichten der Sozialwissenschaftler, die solche Tendenzen nur verstärken, obwohl man von ihnen liberalere Aussagen erwartet hätte. Bei einem Forschungsvorhaben unterscheiden sich nicht nur das Stadium der Projektierung und der Erfüllung im erheblichen Ausmaß, sondern manche Berichte können auch den Programmen, die durch Ausschüsse oder leitende Exekutivbeamte für die staatliche Bürokratie vorgesehen waren, eine konservative Struktur verleihen.

Der Vorwurf der Nutzlosigkeit stützt sich oft auf einen unterschiedlichen intellektuellen Stil oder eigene geistige Kultur. Die Spannung Regierung–Wissenschaft ist im großen und ganzen die Folge einer intellektuellen Spezialisierung, die durch ihre Eigenheiten das sinnvolle Gespräch zwischen dem typischen Beamten und dem typischen »modernen« Behavioristen erschwert. Die meisten Regierungsbeamten des Außenamtes sind zum Beispiel entweder in Geschichte oder in einem normativen Zweig der Politikwissenschaft ausgebildet. Die Internationalen Beziehungen herrschen noch in der Form vor, wie sie in der deskriptiven Tradition der zwanziger Jahre oder zumindest im Stil eines Morgenthau oder eines Schuman gelehrt wurden. Welche Schwierigkeiten sich auch immer zwischen Wissenschaft und Politik als Staatsführung bezüglich der Rolle, die jeder spielt, auftun, sie können letztlich durch jene Personen überwunden werden, die eine gemeinsame geistige Schulung aufweisen. Die Kommunikation stirbt jedoch oft mit solchen Behavioristen ab, deren Vokabular, Methoden und sogar Begriffswelt esoterisch, irrelevant, gelegentlich trivial und oft irreführend wirken. Der Vorwurf der Nutzlosigkeit wurzelt im Grunde genommen also in einem Konflikt zwischen geistigen Kulturen, wodurch die Beziehung zwischen den Wissenschaftlern und den Politikern negativ beeinflußt wird.

Elitismus

Regierungsbeamte des Bundes weisen oft darauf hin, daß die Wissenschaftler für sich eine besonders rücksichtsvolle Behandlung beanspruchen, die von jenen Richtlinien abweicht, die für die übrigen Bundesangestellten gelten. Sie beklagen sich, daß das sozialwissenschaftliche Personal sich nicht wirklich mit seiner Rolle als Angestellte der Regierung abfindet, sondern seine Kontakte mit der Regierung nur als vorübergehend und marginal betrachtet. Der Akademiker scheint besonders im Bereich der Außenpolitik den Vorteil genießen zu wollen, in quasigeheime Informationen eingeweiht zu sein, am Entscheidungsprozeß teilzuhaben und trotzdem die gewöhnliche Verantwortung der anderen Regierungsämter umgehen zu können.

Eine solche Haltung hat für den Bundesbeamten den Beigeschmack des Elitismus, wobei ein solch elitäres Denken dem sozialwissenschaftlichen Status inhärent ist. Der Sozialwissenschaftler wurde dazu ausgebildet, Probleme zu analysieren und eigentlich nicht dazu, einen Wählerkreis zu gewinnen; daher wird er ungeduldig, wenn es um die Launen der Politik geht, und er zieht die Herausforderung der Staatsführung und des Regierens vor. Gewählte Beamte begründen ihre Haltung, warum sie juristische und nicht wissenschaftliche Berater vorziehen, damit, daß jene für die Mechanismen, wie das Volk regiert wird und wie sie von ihm regiert werden, ein wesentlich besseres Verständnis besitzen. Die Kultur des Rechtsdenkens nährt die Achtung vor dem »Volkswillen«, wie man sie bei Sozialwissenschaftlern, die mit Regierungsorganen zusammenarbeiten, selten findet. Die Ablehnung vieler Ausschüsse des Repräsentantenhauses und des Senats den Sozialwissenschaftlern gegenüber, die im Dienst des Verteidigungsministeriums und des Außenamtes stehen, ist eine direkte Reaktion auf die elitäre Haltung, die für so viele Sozialwissenschaftler im Dienst der Regierung charakteristisch zu sein scheint.

Das ist die Kehrseite der Diskussion um »Partizipation oder Autonomie«. Die Regierung treibt zu totaler Integration und Mitwirkung, während der Sozialwissenschaftler Autonomie und begrenzte Verantwortung für Entscheidungen anstrebt, die direkt auf die Staatsführung Einfluß nehmen. Der Elitismus rationalisiert die Leistung wichtiger Dienste, während der Sozialwissenschaftler damit den Anschein der Objektivität wahren kann.

Zugang

Obwohl die Sozialwissenschaftler ihre Integration in den Staatsdienst nicht in den Mittelpunkt rücken, verlangen sie zugleich Zugang zu den Spitzeneliten, um sicher zu sein, daß ihre Empfehlungen entweder realisiert oder zumindest ernstlich in Erwägung gezogen werden. Die Aufnahme in diese Ebene ist aber gleichbedeutend damit, daß sie die sonst üblichen Kanäle, die von den anderen Bundesbeamten beschritten werden müssen, umgehen.

Die Forderung des Sozialwissenschaftlers nach Zugang zur Elite soll zwar einer edlen Absicht entspringen, setzt aber gewöhnlich den Sozialwissenschaftler von den anderen Angestellten des Bundes ab. Er betrachtet sich selbst als Experten in Beraterfunktion und nicht als Angestellten. Der Sozialwissenschaftler nimmt sich selbst als ernannten Beamten ernst und will eine politische Rolle spielen, die auf die meisten Bundesangestellten nicht zutrifft. In den Augen der staatlichen Bürokratie kommt der Sozialwissenschaftler mit der Absicht nach Washington, »die Welt in Brand stecken zu wollen« und mißachtet mit dieser anmaßenden Haltung die Flamme, die auch im Herzen eines Vertreters des Beamtenstabes brennen kann.

Die Frage nach direktem Zugang zur Führungsspitze beruht auf der Vorstellung von der größeren Weisheit der Sozialwissenschaftler. Die Verwaltungsbeamten des Bundes bestreiten aber gerade diese Behauptung aufs heftigste. Die Beamten vertreten nur die Meinung des Volkes, wenn sie behaupten, daß der leichte Zutritt, der den Sozialwissenschaftlern zu den Hallen der Macht gewährt wird, ein Maß an Korrektheit ihrer politischen Urteilskraft voraussetzt, das durch kein historisches Ereignis untermauert und durch keine massive Unterstützung durch bestimmte Volksgruppen garantiert wird. Die Unterscheidung zwischen der Rolle als Wissenschafter und der Rolle als Staatsbürger rechtfertigt oft das Versagen, als Bürger zu partizipieren. Das wissenschaftliche Ethos bildet daher die Basis für die Zulassung in ein Machtsystem, wodurch die Kultur des Staatsbürgers ausgeschaltet wird. Gerade aus diesem Grund sind staatliche Beamte der Überzeugung, daß sie ihre politischen Wählerkreise verteidigen (und zufälligerweise nicht nur ihr eigenes Ressort), wenn sie die Mitarbeit der Sozialwissenschaft am Entscheidungsprozeß eindämmen.

Marginalität

Wenn einerseits die Sozialwissenschaftler darüber aufgebracht sind, daß sie für die Dauer ihrer Mitwirkung am politischen System vom Hauptstrom des akademischen Lebens abgeschnitten sind, stoßen sie andererseits die Bundesbeamten vor den Kopf, indem sie so stark nach dieser zusätzlichen Beschäftigung verlangen und sie genießen. Zum großen Unterschied von den anderen staatlichen Regierungsbeamten können die Sozialwissenschaftler auch im Bereich vom Washington-D.C.-Gebiet weitere Positionen übernehmen. Sie arbeiten als Lehrer und Professoren, schreiben daneben für Zeitungen und Magazine, geben Bücher und Monographien heraus und bieten sich selbst als Sonderberater an, wobei sie ihre Verbindung zur Regierung besonders betonen. Sie fördern sich selbst weit über das Maß hinaus, wofür sie eigentlich engagiert wurden.

In der eher weit strukturierten Welt der Wissenschaft wird eine solche Selbstförderung nicht nur kaum kritisiert, sondern eher noch honoriert. Eine königliche Bezahlung für das Verfassen eines Lehrbuches, die Zusammenarbeit mit Verlagen in der Funktion von Herausgebern, *honoraria* in Zusammenhang mit der Mitgliedschaft bei fördernden Institutionen und die Bezahlung für Vorlesungen an den amerikanischen Universitäten werden als ergänzende »Beschäftigung« hochgeschätzt. Die Mitarbeit an der Regierung nimmt jedoch zwölf Monate im Jahr und 24 Stunden im Tag in Anspruch. Dieser Umstand und die damit verbundenen Bedingungen stehen im Gegensatz zu den neun Monaten eines Jahres und dem beweglichen Arbeitsplan, der für die meisten Verbindungen von Sozialwissenschaftlern zu den akademischen Institutionen typisch ist.

Die Bundesorgane lehnen es ab, daß die Mitarbeit des Wissenschaftlers am politischen Leben nur den Anschein einer Tätigkeit am Rand tragen soll. Sie sind sich auch der verwirrenden Erkenntnis bewußt, daß jene Männer, die zur Regierungsarbeit herangezogen werden, oft genug *nicht* für die hervorragenden Talente repräsentativ sind, die in den Sozialwissenschaften verfügbar sind, besonders weil sie sowohl in der Wissenschaft als auch in der Politik an der Status-Spirale mitdrehen. Es kann zu der Anomalie kommen, daß solche Wissenschaftler, die im akademischen Leben ohne besonderen Erfolg geblieben sind, an die staatliche Bürokratie Forderungen stellen, als ob sie in Wirklichkeit die hervorragendsten Repräsentanten auf ihrem Gebiet wären. Dasselbe Problem kann auch im Zusammenhang mit hervorstechenden Vertretern der Sozialwissenschaften entstehen, die Situation kann sich aber gerade dadurch verschärfen, daß die Staatsbeamten in dem Wissen handeln, daß sie es – zumindest in vielen Fällen – mit zweit- und drittrangigen Sozialwissenschaftlern zu tun haben, die vom Staat engagiert wurden.

Intensivierung der Interaktion

In dieser Darstellung erscheint die Reaktion sowohl der Akademiker als auch der staatlichen Beamten aufeinander einheitlicher, als es in Wirklichkeit der Fall ist. Es soll nicht der Eindruck entstehen, als ob beide Gruppen ihre ganze Zeit damit verbringen, einander ständig zu kritisieren, weil dann gewiß keine stabile Beziehung zustande käme, die es wert wäre, daß man überhaupt ein Wort darüber verliert. Die Rolle, die beide Parteien übernommen haben, macht deutlich, daß wir uns in der Zeit einer extensiven Neubestimmung befinden. Die gegenseitige Kritik von Wissenschaftlern und Politikern hat oft die Wirkung eines Spiegelbildes, wobei sich jede Seite direkt auf jene Merkmale konzentriert, die für den anderen am ungünstigsten sind.

Bezeichnenderweise wurde im großen und ganzen der politische Kontext und Inhalt dieser Frage unbewußt von beiden Seiten unterdrückt. Die Wissenschaftler zogen es vor, ihre wissenschaftliche Tätigkeit in einer objektiven und neutralen Terminologie herauszustreichen, während die Politiker ihren Interessen in der

Sprache der Organisation und Bürokratie Ausdruck verliehen. Die Eigenart dieser Interaktion besteht darin, daß anscheinend in der Welt der Politik nichts mehr verwirrt als politische Analyse und Synthese. Es scheint, als wären die Sozialwissenschaftler und Politiker einmütig darin übereingekommen, ihre Beziehung mehr in der Sprache vornehmer Verachtung als einer offenen Konfrontation zu gestalten. Der Abstand zwischen den beiden Gruppen macht politische Distanz als ein operationales Äquivalent zur sozialen Distanz zwischen zwei miteinander wetteifernden Gruppenmitgliedern notwendig.

Der Vertragszustand
Es gibt Gründe für die berechtigte Annahme, daß die Förderung durch die Bundesregierung die sozialwissenschaftlichen Forschungsergebnisse in ihrem Wesen korrumpiert, weil sie große Geldsummen in den Vordergrund stellt, überwiegend praktisch ausgerichtet ist, das Material nur begrenzt verbreitet und weiters die potentielle Subversivität jeder Forschung nicht als Möglichkeit anzunehmen vermag. Ironischerweise werden jedoch schüchterne oder opportunistische sozialwissenschaftliche Forscher nicht von der Regierung eingesetzt. Meistens wendet sich der Sozialwissenschaftler an den Bund als Sponsor und entwickelt einen großen Ehrgeiz, während er überhöhte Forderungen nach einzigartigen Forschungsprojekten und hochdotierten Versprechungen stellt. Die Hauptgefahr besteht für den Akademiker, der in der Frage der Forschungsfonds und der verschiedenen Möglichkeiten, die sie für eine Karriere bieten, von der staatlichen Bürokratie abhängig geworden ist, nicht mehr in der finanziellen Abhängigkeit, er selbst beginnt die Loyalität und das vorsichtige Wesen des opportunistischen Beamten per se zu entwickeln.
Auf organisatorischer Ebene wurden zwischen der Wissenschaft und der Politik viele miteinander verflochtene Abkommen getroffen, ohne die ewige Frage nach den konstitutiven Elementen legitimer Interaktion zwischen der Wissenschaft und der Politik als Regieren zu beantworten. Das verweist auf die Zweideutigkeiten in der Verbindung zwischen Wissenschaft und Politik, weshalb eine genaue Klärung notwendig ist, wer den Gegenstand und die Bedingungen eines Forschungsprojektes anregt. Man sieht immer mehr, daß in der Mehrzahl der Fälle die

Akademiker die Stimulanten sind und die Beamten reagieren, weshalb offensichtlich die Kritik auch bei der Partizipation der Sozialwissenschaften und nicht so sehr bei der Praxis des Bundes ansetzen muß.
Um ganz zu verstehen, wo die Wurzeln für die Spannung in der Interaktion zwischen Akademikern und Verwaltungsbamten liegen, muß man die Skala der möglichen Einstellungen zu einer Verbindung zwischen der Regierung und der Wissenschaft beleuchten, die von der Befürwortung einer vollständigen Integration zwischen Beamten und Akademikern bis zur Forderung einer vollständigen Trennung beider Gruppen reicht. Es folgt ein Spektrum möglicher Einstellungen zu dieser Frage.

Die politikwissenschaftliche Methode
In dem Vierteljahrhundert zwischen 1943 und 1968 reichen die Meinungen von vollständiger Integration bis zum totalen Bruch. Nach dem Zweiten Weltkrieg, sogar schon früher während der Zeit des New Deal, herrschte hinsichtlich der Frage einer integrierten Beziehung zwischen Akademikern und Verwaltungsorganen Optimismus. Diese Haltung fand ihren besten Ausdruck vielleicht in der »politikwissenschaftlichen« Methode, die häufig mit dem Werk von Harold Lasswell (1951, S. 3–15) in Verbindung gebracht wird.
Seiner Ansicht nach ist die Beziehung zwischen dem akademischen und politischen Leben eine innenpolitische Angelegenheit, wobei der Politiker sich in wissenschaftlichen Fragen ebenso engagiert und auch mit gleicher Intensität wie der Akademiker bei politischen Fragen. Die politologische Anschauung war der aufrichtige Versuch, die bekannte Arbeitsteilung nach Abteilungen neu zu definieren. Soziologie, Politikwissenschaft, Ökonomie und die anderen Sozialwissenschaften würden in eine einheitliche Politikwissenschaft mit einem gemeinsamen methodologischen Kern absorbiert werden. Wie Lasswell in späteren Jahren selbst erkannte, besteht das Problem dieses Tauschsystems darin, daß die Verwaltungsorgane mit der anmaßenden Autorität des »Garnisonsstaates« auftraten, während die Akademiker (selbst wenn sie zeitweise im Dienst der Regierung standen) die anmaßende Inpraktikabilität des »Elfenbeinturmes« vertraten.

Die politikwissenschaftliche Einstellung zog tatsächlich direkt politische Folgen nach sich. Das Ende des Zweiten Weltkrieges und die fünfziger Jahre erlebten neue Formen institutioneller Abkommen zur Etablierung der Sozialwissenschaft, die aber die Grenzen bloßer Organisation überschritten. Ein neuer Fragenkomplex sprengte die disziplinären Grenzen. Jede neuere Universität betrieb Feldstudien. Man untersuchte den Kommunismus als Teil des allgemeinen Problems von der Rolle der Ideologie im sozialen Wandlungsprozeß. Danach folgten Zentren für die Untersuchung der Stadt, der Beziehung von Industrie und Arbeit. Trotz der Entwicklung institutionalisierter Methoden zur Vereinheitlichung von Spezialgebieten überdauerte seltsamerweise beharrlich die universitäre Aufgliederung in Abteilungen, und zwar nicht einfach als Rest aus grauer Vorzeit, sondern als expandierende Einflußsphären.

Es stellte sich bald heraus, daß sich das »Department« im Kampf um den Einfluß auf die Welt der Graduierten und der Entscheidung, wer in eine Universitätsstellung berufen und wer gefördert werden sollte und wer nicht, die Autorität wahrte. Mit Hilfe der getrennten Abteilungen innerhalb der Sozialwissenschaft konnten die Disziplinen ihre Vitalität bewahren. Sobald die politikwissenschaftliche Position mit der Aufgliederung in Departments konfrontiert wurde, verstärkte sich die disziplinäre Spezialisierung. In der Nachkriegszeit versteifte sich die Anthropologie auf die Gliederung in Abteilungen, um sich von Soziologie und Theologie abzuheben, während andere Fachgebiete wie die Politikwissenschaft und die Sozialarbeit schärfere Konturen annahmen als je zuvor. Das politikwissenschaftliche Verfahren ermöglichte die Institutionalisierung aller Arten aggressiver und zuweilen sogar progressiver Neuordnung des verfügbaren *Wissens*, scheiterte aber am Aufbau einer politikwissenschaftlichen *Organisation*. Dieses Versagen erwies sich als verhängnisvoll für ihre Forderungen nach einem operationalen Primat.

In den frühen fünfziger Jahren trat an die Stelle der politikwissenschaftlichen Methode die »Handlanger«-Methode, wo die Wissenschaft die notwendigen Zutaten liefern soll, um den reibungslosen Ablauf der politischen Welt zu gewährleisten. Man ging von der Überlegung aus, daß die Sozialwissenschaften einzigartig dazu qualifiziert sind, im Entscheidungsprozeß der Regierung mit Methoden aufgrund gesicherter Daten zu arbeiten.

Damit war jedoch die totale Integration von Dienstleistungen und Funktionen noch nicht abgesichert. Die Handlangermethode schien sowohl dem Wesen der Wissenschaften als auch der Form des politischen Entscheidungsprozesses der Regierung angemessen zu sein. Materiell wurde sie durch die steigende Nachfrage nach angewandter Sozialforschung unterstützt. Die verstärkte Nachfrage nach Anwendung und Forschung in Großprojekten lieferte die theoretische Begründung für die neue Funktion als »Aufräumerin«. Die angewandte Forschung diente der Suche nach großen Neuigkeiten, nach der großen Anregung. Die Mitwirkung an dieser Vereinbarung für Beratungsdienste würde die Sozialwissenschaften nicht ihrer Freizeit berauben, sondern ihre Relevanz garantieren. Die »theorielose« Dienstleistungsmethode wurde daher mit einer Tendenz in eine enge Verbindung gesetzt, die auf Aktion ausgerichtet war.

Die Anhänger der »Handlanger«-Methode wie Ithiel de Sola Pool (1967, S. 267–280) verteidigten heftig die Verpflichtung der Sozialwissenschaftler, ihre Forschung in den Dienst der Regierung zu stellen. Man wurde gewahr, daß eine Organisation wie das Verteidigungsministerium auf mannigfache Weise der Werkzeuge sozialwissenschaftlicher Analyse bedarf, um so zu einem besseren Verständnis der Welt zu gelangen. Man verwies auf den Intelligenztest als ein operationales Instrument, das seit dem Ersten Weltkrieg die menschliche Kraft steuern half; auch das Verteidigungsministerium und andere Organe des Bundes machten auf militärischem und psychologischem Gebiet reichlich Gebrauch von der Sozialpsychologie. Die Regierung der Vereinigten Staaten mußte sich als der Welt größte Bildungs- und Erziehungsinstitution genaues Wissen für die Auswahl und die Ausbildung einer ungeheuer großen Zahl menschlicher Individuen aneignen. Genauso wichtig war das Bedürfnis der Bundesregierung nach genauen Informationen über das Ausland. Dieser Wissensdurst nach den besonderen kulturellen Werten und den sozialen und politischen Strukturen fremder Länder nahm mit der Aufspaltung der Welt in potentielle Feinde oder potentielle Verbündete der Vereinigten Staaten zu.

Es liegt eine Ironie in dieser Förderung nützlicher Forschung verborgen, nämlich daß die Handlangermethode offensichtlich die Autonomie der Sozialwissenschaften zwar nicht angegriffen hat, in Wirklichkeit jedoch reduzierte, indem sie eher solche

Kriterien aufstellte, welchen Gewinn der Staat und nicht welchen Nutzen die Sozialwissenschaften daraus ziehen würden. Gewinnbringende Forschungsgebiete richteten sich danach aus, was die Sozialwissenschaften für die politischen Strukturen zu leisten vermochten und nicht notwendigerweise umgekehrt. Während also die politikwissenschaftliche Methode durch die auf Dienstleistung und Industrie ausgerichtete Handlangermethode verdrängt wurde, beruhte auch diese Haltung auf keiner wirklichen Parität zwischen Wissenschaft und Politik.

Die Methode selektiver Partizipation
David B. Truman (1968) formulierte schließlich eine neue Methode, die sich sowohl von der politikwissenschaftlichen als auch der Handlangermethode beträchtlich unterscheidet. Als Theorie ist sie Ausdruck eines erneuerten Gefühls für Gleichheit und Parität zwischen Sozialwissenschaftlern und Verwaltungsbeamten. Der Vorstellung Trumans entsprechend könnten oft, wenn auch nicht einem bestimmten Plan folgend, die Positionen in der staatlichen Verwaltung und innerhalb der Universität gegeneinander ausgetauscht werden. Der Rollentausch würde sich als wertvoll erweisen und könnte unter Umständen auf systematischer Basis weiter erprobt und gefördert werden. In der Zwischenzeit verlangt die Methode der selektiven Partizipation nur ein Minimum an formaler Systemstruktur.
An der Methode selektiver Partizipation ist die Norm der Reziprozität der bedeutendste Aspekt. Der teilweise personelle Wechsel könnte vor allem mit Hilfe regulärer Seminare und Konferenzen ermöglicht werden, denen abwechselnd Sozialwissenschaftler und Regierungsbeamte beiwohnen, wobei jede Personengruppe einer sorgfältig zusammengestellten Kombination entspricht. Die andere Methode wäre bei diesen Zusammenkünften eine abwechselnde Behandlung einmal der wissenschaftlichen Entwicklung, das andere Mal von politischen Problemen. Zum Unterschied von der normalen Beraterfunktion im Rahmen der Handlangermethode wäre dadurch eine Art Gleichheit zwischen Wissenschaft und Regierung gewährleistet. Mit der selektiven Partizipation wären gerade für multidisziplinäre Wissenschaftlerteams, die über politische Probleme arbeiten, Subventionen gesichert, die staatliche Forschung würde sie fördern und

damit die früher geübte direkte Anstellung einzelner Sozialwissenschaftler oder wissenschaftlicher Talente in der Politik verdrängen. Man erhoffte auf diese Weise ein flexibles Abkommen zwischen Spezialbereichen, wodurch sich der Abstand zwischen wissenschaftlichem Wissen und allgemeiner zweckbestimmter Anwendung verringerte, ohne weder dem Sozialwissenschaftler noch dem politischen Entscheidungsträger zu schaden. Vom operationalen Standpunkt aus bedeutete diese Entwicklung, daß immer mehr Gelder aus Regierungsfonds an Forschungsinstitutionen flossen, die an der Universität angesiedelt waren – eine nicht inkonsequente Änderung der politikwissenschaftlichen Methode, die ein wesentlich geschlosseneres ökologisches Verbindungsnetz projektierte.

Formen der Nicht-Partizipation
Das Dilemma der Methode selektiver Partizipation bestand in der impliziten Voraussetzung eines Tauschsystems mit einer Parität der Kräfte von politischen Entscheidungsträgern und Akademikern. Diese Methode konnte die Ebenbürtigkeit von Akademikern und Bürokraten nicht beweisen, weil diese über die finanziellen Mittel und jene über das Wissen als Ergebnis verfügen. Die Regierungsstelle wirbt in Wirklichkeit selbst bei der Methode der selektiven Partizipation die Leute an und der Akademiker spielt im politischen Entscheidungsprozeß seine Rolle, ohne dabei für die sozialwissenschaftliche Theorie oder Methodologie einen hohen Gewinn erwarten zu können.
In diesem Kontext tauchte der Grundsatz der »Nicht-Partizipation« auf und fand immer mehr Anhänger. Die Sozialwissenschaftler setzten sich weiterhin mit Fragen der Außenpolitik und solchen Problemen auseinander, die für die nationale Politik entscheidend sind, sie schreiben darüber und veröffentlichen ihre Arbeiten. Sie arbeiten aber ohne jede vertragliche Bindung an die Regierung oder reagieren damit nicht direkt auf ein staatliches Organ. Sollte die sozialwissenschaftliche Autonomie überhaupt etwas bedeuten, dann würden, so hatte man erkannt, die Kenntisse und deren Anwendung unabhängig davon, ob die Sozialwissenschaftler aktiv oder kritisch am politischen Entscheidungsprozeß partizipieren oder nicht, darin Eingang finden.
Das Prinzip der Nichtpartizipation wurde gewöhnlich von vie-

len konservativen und auch von vielen radikalen Sozialwissenschaftlern übernommen, weil ihrer Meinung nach das berufliche Fortkommen dem Status nach, in den Bahnen, wie es bisher verlaufen war, durch die immer umfangreichere staatliche Sozialforschung gefährdet wurde, und sie darin auch eine Tendenz zur angewandten Gesellschaftsplanung zu erkennen glaubten, die ihrer eigenen Einstellung zur verallgemeinernden Natur der Sozialwissenschaften widersprach. Aus organisatorischen und intellektuellen Gründen war das Prinzip der Nichtpartizipation eine effektive Antwort auf die politikwissenschaftliche Methode. Die Nichtpartizipation geht davon aus, daß die Bundesregierung durch die wechselseitige Interaktion mehr gewinnt als die Sozialwissenschaft. Selbst bei bleibender Interaktion änderte sich die Reihung der Prioritäten, so daß die Sozialwissenschaftler von der mühsamen Aufgabe befreit wären, Forschungsergebnisse für andere liefern zu müssen und dabei selbst nur wenig zu gewinnen.

Das Prinzip der Nichtpartizipation setzt gewissermaßen voraus, daß die Universitätssektion bei der Organisation der Sozialwissenschaft anstelle des Forschungsbüros des Bundes die primäre Institution bleibt. Der Forscher, der sich an Forschungsprojekten nicht beteiligt hat, sah sich oft in die Rolle des Kritikers der bürokratischen Forschung im allgemeinen und der bürokratischen Behörden, die an die Universitäten angegliedert waren, im besonderen, gedrängt. Er wollte seine Forschungsarbeit nicht der Kontrolle des staatlichen Entscheidungsprozesses unterwerfen und, was noch entscheidender ist, er wollte nicht, daß die Bundesbehörde gleichsam ein Urteil an sich reißt, das eigentlich in die Domäne eines Universitätsdepartments gehört.

Das Prinzip der Nichtpartizipation ging gleichzeitig in den Grundsatz der aktiven Opposition über. Diese Opposition wurde hauptsächlich von jüngeren Gelehrten in ähnlichen Gebieten wie Geschichte und von graduierten Studenten der Sozialwissenschaft, das heißt von Teilnehmern an studentischen Protestbewegungen, geübt. Von ihrem Standpunkt aus konnte das Problem nicht durch die im wesentlichen konservative selektive Anwendung der besten Resultate der Sozialwissenschaft durch die Regierung gelöst werden. Man muß versuchen, das theoretische Wissen zu revolutionären oder Partisanenzwecken zu verwenden, die unter keinen Umständen vom Establishment in

Verbindung mit Regierungsorganen eingesetzt werden könnten. In dieser Haltung wird, wie Hans Morgenthau bemerkt, der Glaube aufgegeben, daß der Sozialwissenschaftler und der staatliche Beamte sich wechselseitig ausschließenden Institutionen angehören, und man ist bereit, an eine aktivere Opposition zu glauben, weil sie gegenseitig feindliche Positionen mit antithetischen Zielen einnehmen.

Die radikale Strömung eignet sich gewissermaßen die politikwissenschaftliche Begeisterung für eine politische Welt an, die vom »Garnisonsstaat« beherrscht wird, verwirft aber die Integration der Sozialwissenschaft, wodurch die Regierung von ihrer gierigen Weltmission abgelenkt werden soll. Der politikwissenschaftliche Standpunkt setzt die Erziehbarkeit der militärisch geschulten Herrscher voraus. Der Standpunkt der Nichtpartizipation geht vom Gegenteil aus, nämlich von der Leichtigkeit, wie der Sozialwissenschaftler in die militärischen und politischen Ziele der Machtträger inkorporiert wurde.

Radikale Kritiker wie John McDermott versichern, daß die Ziele von Wissenschaft und Regierung in der Praxis antithetisch geworden sind. Darüber hinaus sollten sie ihrer Meinung nach auch antithetisch sein. Der Traum von der Aktion hat sich in den Alptraum der Partizipation an der Regierung verwandelt, wodurch die Wissenschaft in Wirklichkeit in das Gefolge des staatlichen Establishments eingetreten ist. Der Traum der akademischen Sozialwissenschaftler von Position und Prestige wurde gewissermaßen durch die Umwandlung in Männer der Tat verwirklicht: Die Akademiker wurden zu Hohepriestern des sozialen Wandels. Der Wunsch nach sozialem Wandel verdrängte in Wirklichkeit die Ziele, worauf ein solcher Wandel ausgerichtet war.

Der Trend zu aktiver Opposition kritisiert die Struktur der Universität genauso wie die der Regierung. Wer sich von der Mitarbeit am Staat abgesetzt hat, richtet seine Energien auf das Universitätssystem. Wer diese Ansicht vertritt, sieht, daß die Akademie als Nutznießer der staatlichen Fonds selbst zur politischen Partei des Akademikers geworden ist. Man muß die energischen Angriffe der Studenten auf die Universität zumindest teilweise als symbolische Angriffe auf die Vorstellung von der Integration von Politik und Aufgabenbereich eines Wissenschaftlers verstehen.

Surrogatpolitik

Das Geheimnis, das in der gegenwärtigen Ära der Beziehungen von Universität und Regierung am besten gehütet wird, bezieht sich, zumindest soweit sich diese Bindungen auf den Begriff der aktiven Opposition auswirken, auf das jetzt allgemein vorherrschende politische und ideologische Klima.

In der Zeit von 1941 bis 1945 waren die Vereinigten Staaten in einen Weltkonflikt verwickelt, wo für die meisten der Fortbestand der Zivilisation auf dem Spiel stand. Damals nahm man gewaltlos die Rekrutierungsmaßnahmen der Regierung in den Universitäten hin. Niemand wehrte sich gegen den Einsatz der Universitäten und ihrer Einrichtungen zur Befriedigung der Bedürfnisse des Militärs und seiner Forderungen an die psychologische Kriegführung, Propagandaforschung oder der konventionellen Überwachung der Bombardierungen. Bei berufsinternen Treffen wurde das richtige Verhalten jener Sozialwissenschaftler nicht zur Diskussion gestellt, die unter der Regierung Roosevelt einen Ruf in das *Office of War Information* oder in das *Office of Strategic Services* angenommen hatten; im Gegensatz zu den Ausschüssen heute, wo man diskutiert, ob die Beziehung der Sozialwissenschaftler zum *Federal Bureau of Investigation* oder dem *Central Intelligence Agency* angemessen sind.

Die Kontroverse über die Beziehung zwischen der Wissenschaft und der Regierung verlegte sich auf ihren heutigen Stand auf eine Reihe von reinen Surrogat-Diskussionen über die Legitimität des Vietnamkrieges, über die Selbstbestimmung in Lateinamerika und die bürgerkriegähnlichen Unruhen in den amerikanischen Gettos. Da die Sozialwissenschaftler unfähig sind, solche Probleme direkt aufzuwerfen, und sie nicht vorbereitet sind, Strukturen zu erarbeiten, womit man in der Zukunft solchen nationalen und Weltproblemen abhelfen kann, stellen sie den Prozeß innerorganisatorischen Lebens zu sehr in den Vordergrund. Die Beschäftigung von Organisationen von Spezialisten mit zentralen gesellschaftlichen Fragen baut in Form einer mimetischen Reproduktion auf geringem Risiko und wahrscheinlich auch nur geringem Ertrag auf.

Die organisatorischen Auseinandersetzungen werden auch von den Kollegen aus dieser Sparte, entsprechenden Gesellschaften in der Dritten Welt und von Minderheitengruppen herausgefordert und unterstützt. Es ist kein Zufall, daß vor allem staatliche Projekte über Ziele in Lateinamerika besonders schwer angegriffen werden. Ein antisozialwissenschaftliches Establishment in Ländern wie Mexiko, Chile, Argentinien und Brasilien liefert der innerstaatlichen akademischen Opposition in den Vereinigten Staaten und der Bildung einer solchen Opposition verbale Unterstützung, indem die totale Isolation von der außenpolitischen Forschung wegen Nichtbeachtung der Gefahren bestimmter Formen politischer Forschung angedroht wird. Die militanten Schwarzen haben sich in zunehmendem Maß in diesem Land für eine Nichtpartizipation an sozialwissenschaftlichen Projekten entschlossen, ohne klare Bedingungen für den Schutz der »Rechte« von Unterworfenen oder Souveränen festzulegen.

Die Risiken, die sowohl für Sozialwissenschaft als auch für die staatliche Politik aus der Vorherbestimmung von Forschungsprojekten erwachsen, sollen hier nicht diskutiert werden. Es genügt festzustellen, daß sich die Surrogatpolitik im akademischen Leben Amerikas als Verhalten etabliert hat, zum Teil weil die Akademiker aus moralischen Erwägungen zur Politik stoßen, während die Politiker aufgrund politischer Partizipation moralische Erwägungen anstellen. Die Surrogatpolitik ist auch eine Reflexhandlung der zunehmend organisierten, wenn auch ohnmächtigen gesellschaftlichen Sektoren auf die heute in den Vereinigten Staaten vorherrschenden politischen Strömungen.

Die Surrogatpolitik ist in der Innenpolitik verankert. Die Frage nach dem Verhältnis von Wissenschaft und Regierung ist gerade eine Frage der Surrogatpolitik. Ein allgemeiner unterschwelliger Trend in Richtung auf moralische Abneigung gegen professionellen Schacher und Amateurwesen hat heute dazu geführt, daß der Status zwischen Sozialwissenschaftler und Politiker neu eingeschätzt werden muß. Man hätte diese Frage trotz der schwierigen Lage schon ein Vierteljahrhundert früher neu überdenken sollen. Aber gerade wegen des optimalen Konsensus, der früher hinsichtlich des politischen Klimas herrschte, erschienen die Fragen, die heute diskutiert werden, als Themen für den Sozialwissenschaftler auf seiner Suche nach der Wahrheit ungeeignet.

de Sola Pool, I. (1967): The Necessity for Social Scientists Doing Research for Governments. In: I. L. Horowitz (Hrsg.): The Rise and Fall of Project Camelot: Studies in the Relationship Between Social Science and Practical Politics. Cambridge, Mass.: M.I.T. Press.

Horowitz, I. L. (1968): Social Science Yogis and Military Commissars. Transaction. Bd. 5, Nr. 6 (Mai), S. 29–38.

Lasswell, H. D. (1951): The Policy Orientation. In: D. Lerner und H. D. Lasswell (Hrsg.): The Policy Sciences. Stanford, Cal.: Stanford University Press.

Truman, D. B. (1968): The Social Sciences and Public Policy. Science, Bd. 160, Nr. 3827 (3. Mai), S. 508–512.

Drittes Kapitel
Die sozialwissenschaftlichen Mandarine

Unter den Sozialwissenschaftlern und sogar bei ihren Kritikern der Rechten und der Linken lebt ein allgemeiner Mythos fort. Trotz vieler Variationen ist er im Grunde einfacher Natur. Er sieht so aus: Die Regierung oder einer ihrer wichtigeren Organe zeigt »ein Bedürfnis nach Wissen«. Sie entdeckt ein Vakuum in ihrem Wissen und will diesen »Informationssprung« verengen. Daher vergibt sie Aufträge oder gewährt Subventionen an von ihr unabhängige Produktionsstätten des Wissens, die in an Universitäten angegliederte private Firmen oder Büros tätig sind. Für das fragliche Projekt werden »Angebote« gesammelt. Der Gewinner stellt dann den tatsächlichen Forschungsbericht zusammen. Ist die Problemstellung brisant, kann für denselben Untersuchungsgegenstand mehr als ein Auftrag vergeben werden – offensichtlich zur Kontrolle der Resultate und zur Sicherung einer nützlichen Anwendung. Nach Fertigstellung des Projekts werden die Resultate an die Politiker oder an ihre institutionellen Repräsentanten weitergeleitet. Die Information wird daraufhin einer genauen Überprüfung unterzogen, in die richtigen Wege geleitet, bewertet und schließlich an die richtigen Kanäle zur direkten oder verzögerten Aktion weitergegeben (Lasswell, 1951).
Der kausale Verlauf, wie er hier dargestellt wurde und wie er von einer Unzahl von »Forschern«, »Vertragsparteien« und »Wissensdurstigen« als absolute Wahrheit vorausgesetzt wird, kommt selten so zur Anwendung, wird aber oft mißbraucht. Der Stumpfsinn und Ärger, der mit dem Einsatz der Sozialwissenschaften zu üblen Zwecken verbunden wird, verfehlt weit sein Ziel. In Wirklichkeit ist es so: Nicht die Sozialwissenschaftler, die sich entweder hauptberuflich oder nur am Rande in der Regierungsarbeit engagiert haben, stehen über jeder Kritik, son-

dern die an ihnen geübte Kritik geht weit fehl. Die Kritik soll idiosynkratisch und misanthropisch erscheinen, so als ob eine Gruppe von patriotischen Sozialwissenschaftlern die Stellung Amerikas gegen seine Kritiker verteidigt, seien es nun die Vietniks oder die Superpatrioten. Der wahre Kern der ganzen Frage ist weit weniger theatralisch oder melodramatisch und in der Tat auch weniger attraktiv als es entweder die Ideologen oder Konterideologen der Sozialwissenschaft sehen wollen.

Das Modell, das der Meinung des Autors nach empirisch besser verifiziert werden kann, sieht so aus: (1) Über politische Fragen entscheidet eine Unterabteilung der Legislative oder Exekutive in der Regierung; (2) diese politischen Entscheidungen baut man auf die Bedürfnisse einer Masse oder elitären Wählerschaft auf, die man voraussetzt und von außen herangetragen werden; und (3) jede neue Regierung oder jedes ehrgeizige Mitglied des Repräsentantenhauses oder Senats will seine Einzigartigkeit im politischen Dasein definieren, und daher suchen sie danach, was lange Zeit früher Gaetano Mosca die politische Formel nannte, das heißt, »the New Frontier«, »Kampf der Armut«, »schwarzer Kapitalismus« und so weiter ad infinitum; (4) sobald der politische Kurs einmal festgelegt ist, sucht man hektisch nach Präzedenzfällen in der Vergangenheit, einer Rechtfertigung in der Gegenwart und Rationalisierung in der Zukunft; (5) zu Rechtfertigungen, die keinen Bezug auf die empirische Welt haben, werden Sozialwissenschaftler herangezogen, die »Studien zur Realisierung«, »Demonstrationseffekte« und »Simulationsanalysen« durchführen sollen, die über jeglichen Zweifel hinweg die Legitimität dieses Kurses im politischen Entscheidungsprozeß unter Beweis stellen sollen, worüber in irgendeinem politischen Hinterzimmer oder in irgendeiner Garderobe des Kongresses oder sogar in irgendeinem Bericht des Präsidenten »zur Lage der Nation« entschieden wurde.

Die Sozialwissenschaftler, die sich an der Regierungsarbeit beteiligen, sind an ein Modell der Verteidigung gebunden, worüber die Politiker bestimmen. Zumeist *gestalten* sie nicht, geschweige denn verifizieren die Politik, sie *legitimieren* lediglich die Politik. Sie sind in Wirklichkeit die großen Mandarine der Gegenwart. Sie proklamieren eher eine Position, als daß sie deren Wirksamkeit oder Notwendigkeit beweisen. Sie operieren im Rahmen eines teleologischen und nicht eines kausalen Modells.

Sie treten in den politischen Entscheidungsprozeß an dessen Schluß und nicht am Beginn ein. Sollte man einmal ein Urteil über sie fällen, dann wegen ihrer Rolle als Mandarine, nicht als Logiker, weil sie sich Problemen der politischen Beratung angepaßt haben und nicht wegen ihrer einzigartigen Fähigkeit, die Zukunft vorauszusagen und zu operationalisieren.

Warum spielen die Sozialwissenschaftler willentlich eine solche Rolle als Legitimatoren und warum bittet man sie darum, diese Rolle zu spielen (und bezahlt sie dafür so gut)? Die Antwort hängt mehr mit der Natur des politischen Lebens in Amerika zusammen, als mit inhärenten Eigenschaften der Sozialwissenschaftler. Amerika ist jetzt in eine Periode großer Veränderungen im politischen Entscheidungsprozeß eingetreten – die Bewegung führt von der Staatsführung zur Politik. Einfach ausgedrückt, eine Bewegung weg vom Politiker, der in seinen Entscheidungen auf Wünsche des Volkes reagiert, hin zum politischen Entscheidungsträger, der seine Entscheidungen auf die innere »Logik« der politischen Interessengruppen gründet.

Es ist unsinnig, aufgrund dubioser Wahldaten anzunehmen, daß die Demokratische Partei für die Sozialwissenschaft eingenommen ist (da mehr Sozialwissenschaftler für die Demokratische Partei stimmen) und daß die Republikanische Partei der Sozialwissenschaft gegenüber weniger eingenommen ist (da weniger Sozialwissenschaftler ihre Stimme für die Republikaner abgeben). Es gibt für eine solche berufliche Aufgliederung keine Beweise. Meinungsumfragen zeigen, daß die Akademiker bei besonderen Problemen wie etwa dem Vietnamkrieg und den Verbrechen sich nach Richtlinien gruppieren, wie sie der Öffentlichkeit insgesamt gemeinsam sind. Selbst wenn es unter den Sozialwissenschaftlern mehr demokratische als republikanische Wähler gibt, ist es wohl irrelevant, weil die Politiker über die Verwendung der Sozialwissenschaftler entscheiden, die selbst in Wirklichkeit aufgrund des bürokratischen Prozesses depolitisiert und nicht allein Politiker sind. So wie die Präsidenten Kennedy und Johnson sozialwissenschaftliche »Berater« an ihrer Seite hatten – Walt W. Rostow, Walter Heller und Daniel P. Moynihan –, so verfügt auch Nixon über seine Berater – Paul McCracken, Henry Kissinger und derselbe Daniel P. Moynihan. Durch eine nähere Überprüfung gelangt man zu dem Schluß, daß Nixon über »liberalere« und mehr Sozialwissenschaftler verfügte als Johnson (Weidenbaum, 1968). Wie im Fall von Kissinger und Moynihan stellten die Sozialwissenschaftler auch ihre Wertneutralität »unter Beweis«, indem sie ohne ernste Schwierigkeiten verschiedenen Führern aus verschiedenen Parteien dienten.

Diese Bewegung von der Staatsführung zur Politik stürzt den Förderalismus in eine Krise. Die einfache weicht einer komplexen Regierung, das Vertrauen in die Repräsentanten des Volkes dem Vertrauen in Computer-Repräsentanten. Der Wechsel der Entscheidungsgewalt von der Legislative zur Exekutive ist, besonders im Gebiet der Außenpolitik, an den Glauben gebunden, daß die Welt zu kompliziert ist und die Entscheidungen zu rasch erfolgen müssen, um ständig jede Frage, sobald sie auftaucht, im Parlament diskutieren zu lassen. Der Experte wird daher zum Berater des Politikers. Das Ergebnis ist ein harter bürokratischer Kern von hunderten und tausenden Personen, die sich in der täglichen Kleinarbeit verlieren und die entweder Sozialwissenschaftler anheuern oder selbst Sozialwissenschaftler sind, deren Zweck in der Legitimierung dieser Handlungen besteht.

Einem neuen noblen Faschismus in Amerika ist es zu verdanken, daß dieser Zustand gefördert oder zumindest toleriert wird, oder für den Zaghaften kann man auch von einem modernisierten Platonismus sprechen, wo jeder seinen »Platz« kennt und wo Information mit Weisheit gleichgestellt ist. Die Mystik der Wissenschaft schwenkte in einen Glauben an die Sozialwissenschaft über, der sich an denselben Grundsätzen orientiert. Die Sozialwissenschaftler trugen nur wenig zu einer Abschwächung dieser Wirkung bei, als ob sie einen Heiligenschein trügen, da sie maßlos am Prozeß der Simulation und Inkorporation wissenschaftlicher Instrumente beteiligt sind, wobei noch gar nicht auf die naturwissenschaftlichen Programme Bezug genommen wird, um ihre eigene Tätigkeit zu rechtfertigen und weitere Förderung in Anspruch zu nehmen. So beginnt die Öffentlichkeit an die heiligende Weisheit der Sozialwissenschaft und an ihre Fähigkeit zu glauben, zukünftige Ereignisse voraussagen zu können. Eine Politik, die eine wissenschaftliche Begründung für sich in Anspruch nimmt, läßt sich viel leichter durchsetzen als eine Politik, der eine solche Legitimation fehlt. Der beruhigende Anblick von Henry Kissinger oder Daniel Moynihan, die den Präsidenten nach Europa oder Asien begleiten oder an einer Inspektionsfahrt über das Armutsprogramm in der Hauptstadt des Landes teilnehmen, flößt ein Vertrauen ein, das einem gewöhnlichen Politiker nicht entgegengebracht wird. Man glaubt eher dem Sozialwissenschaftler, der nicht wie ein Partisan auftritt, als dem Repräsentanten einer politischen Parteiorganisation und seinem Auftreten als Nichtpartisan – wobei die Frage seiner Fähigkeit außer acht gelassen wird. Die Theorie von der wertfreien Sozialwissenschaft läßt auch heute noch den Sozialwissenschaftler in der Öffentlichkeit Anerkennung finden. Nachdem die Öffentlichkeit nicht scharf denkt und nicht gut informiert ist, taucht auch nicht der Gedanke auf, daß der Sozialwissenschaftler nicht demokratischer wirkt als die Wählerschaft. Man geht davon aus, daß man in einer nationalen Krise eher dem Urteil von Experten und nicht der *vox populi* Glauben schenken wird. Damit wird das klassische konservative Argument, jetzt aber in Gestalt des viel gehaßten Sozialwissenschaftlers, zu neuem Leben erweckt, welcher sich für den Konservatismus nicht stärker einsetzt als für den Radikalismus.

Die Sozialwissenschaft leistet für eine Gesellschaft, die bereits vom Ende der Ideologie als einer populistischen Aktivität spricht, als Legitimationsinstanz wichtige ideologische Dienste. Das Ende der Ideologie verschleiert das Ende der Politik als einer entscheidenden Tätigkeit der Masse, die durch den politischen Entscheidungsprozeß als der eigentlichen Quelle politischer Kontrolle verdrängt wurde. Da der Politiker im Wahlvorgang oder durch die indirekte Autorität des Volkes nicht mehr durch die Masse legitimiert wird, muß er im analytischen Prozeß oder im Willen der platonischen Sozialwissenschaftler eine neue Legitimationsinstanz suchen. Wenn sich die Welt durch die Integration neuer Persönlichkeiten in das politische Spektrum nicht zu bessern scheint, so hat sich das wirtschaftliche und soziale Los des Sozialwissenschaftlers gebessert. Mit Ausnahme der Opposition und der Verachtung, die an der Rechten von einigen verdrossenen armen Weißen geübt wird und sogar noch bestimmter (da sie artikulierter auftreten) einiger reicher Intellektuellen auf der Linken, scheint die neue politische Formel, wonach Amerika regiert werden soll, allgemein übernommen zu werden, wenn ihre Existenz auch nicht offen anerkannt wird.

Warum wurden die Sozialwissenschaftler trotz dieser olympischen Rolle als große Legitimatoren der Regierung immer schärfer kritisiert? Die Sozialwissenschaftler neigen dazu, in der Frage der Gesellschaftsstruktur für Erneuerungen einzutreten. Sie müssen irgendwie zeigen, daß die Dinge nicht perfekt sind und wenn sie perfekt sind, neigen sie dazu, ihre hohen Gehälter zu rechtfertigen. Damit werden sie mit den konservativen Elementen konfrontiert, die Planung, Überlegung, Budgetierung und ähnliches mit schleichendem Sozialismus oder noch schlimmer mit Subversion fundamentaler patriotischer Werte gleichsetzen. Nachdem sie über keine unabhängige Anhängerschaft verfügen, sind die sozialwissenschaftlichen Legitimatoren häufig den Attacken des rechten Flügels ausgesetzt. Diese Angriffe richten sich gewöhnlich nicht direkt gegen die Sozialwissenschaftler, sondern vielmehr gegen die Institutionen, die sie sponsieren, besonders gegen die Stiftungen und Wissensfabriken, die die Regierung mit Grundlagenforschung und Berichten über Meinungsumfragen beliefern (vgl. Horowitz und Horowitz, 1970).

Die Kritik von der Rechten (und auch von der Linken) verletzt die sozialwissenschaftlichen Legitimatoren, die glauben, daß sie mit ihrem Verhalten ihre Treue den geheiligten Grundsätzen des Amerikanismus gegenüber und die Funktionsfähigkeit des Systems, die ungefragt vorausgesetzt wird, unter Beweis stellen. Treten sie für eine Veränderung ein, die einer Revolution ganz fernliegt, nennen die Linken sie Versager, die nicht gewillt sind, die »Probleme« der amerikanischen Gesellschaft an der Wurzel zu fassen. Die Sozialwissenschaftler werden von einer eigenen Gruppe legitimiert, weshalb sie von beiden politischen Polen angegriffen werden und ihnen wenig Spielraum für eine eigene Tätigkeit bleibt. Während das bestehende politische System ihrer bedarf, sind sie eher gewöhnliche Mönche als Mandarine. Wenn sie einmal das äußerste wagen und von allen Seiten kritisiert werden, meinen die Sozialwissenschaftler, daß sie wenige Freunde und sogar noch weniger Verteidiger haben. Die Bezahlung ist gut, das Risiko für ihre Arbeit jedoch groß.

In der Folge soll der Sozialwissenschaftler in Aktion verschiedentlich dargestellt werden – oder in der Art und Weise, wie der große Legitimator seine Arbeit verrichtet. Da verschiedene Personenkreise die Sozialwissenschaft zu verschiedenen Zwecken anwenden, soll versucht werden, eine große Zahl von Beispielen aus verschiedenen Bereichen zu bringen.

Brown gegen Board of Education
Das klassische Beispiel, das als positives Argument für die Rolle der Sozialwissenschaft in der Regierung angeführt wird, sind die Vorschriften des Supreme Court zur Aufhebung der Rassentrennung aus dem Jahre 1954 *(Brown v. Board of Education* 374 U. S. 483). Man behauptet, daß diese Entscheidung ohne die Unterlagen der Sozialwissenschaft nicht getroffen worden wäre, zumindest nicht mit einer solchen Einstimmigkeit und Einigkeit. Es ist zwar richtig, daß gewisse Präzedenzfälle in der sozialwissenschaftlichen Forschung zum Tragen gekommen sind, trotzdem wirkt dieses Argument in mancher Hinsicht zweifelhaft. Erstens wußten wir schon vor Jahren um die sozialwissenschaftliche Erkenntnis von der Rassengleichheit – selbst in Zeiten, wo der Supreme Court die Ungleichheit von Schwarzen und Minoritäten ignorierte oder die richterliche Verantwortung extensiv interpretieren wollte. Zweitens stützte sich der Supreme Court lediglich auf Informationen, die an ihn herangetragen wurden und wurde seinerseits nicht aktiv, um eine Sonderkommission einzusetzen, worauf er sich bei seiner Entscheidung als Informationsquelle hätte stützen können. Er entnahm dem Informationsmaterial nur Stichproben, um eine Entscheidung zu rechtfertigen, die zu treffen er sich eher aus prosaischen Gründen gezwungen sah, weil die schwarze Militanz und die Unzufriedenheit nach dem Krieg bei den gebildeten weißen Schichten zugenommen haben. Drittens gibt es keinen Hinweis auf eine systematische Auswertung der sozialwissenschaftlichen Daten durch den Supreme Court, nicht einmal dahingehend, ob er das bereits vorhandene Material gesichert hat. Wichtige Zahlen bleiben unberücksichtigt, unwichtige werden zitiert. Dadurch verstärkt sich der Eindruck, daß der Gerichtshof nur selten technische Daten auswertet. Viertens läßt sich nicht beweisen, daß die Entscheidung zur Aufhebung der Rassentrennung in den Schulen des Südens auf sozialwissenschaftlichen Daten beruht. Die Diskussion zwischen den Genetikern und jenen Theoretikern, die von der Umwelt als Einflußfaktor ausgehen, also zwischen Arthur Jensen und J. McVicker Hunt, fällt mit der Aufhebung der Rassentrennung zusammen. Der Glaube an eine Maximierung der Chancen beruht nicht nur auf der technischen Durchführbarkeit von Intelligenztests in jedem Status, sondern auf dem fundamentalen Interesse an der Gleichheit innerhalb der

amerikanischen Gesellschaft. Fünftens besitzt die Beweisführung des Supreme Court bei seinen Anordnungen nicht einmal die Qualität einer Seminararbeit an einem College. Dadurch verstärkt sich nur der Verdacht, daß die sozialwissenschaftlichen Erkenntnisse im richterlichen Entscheidungsprozeß höchstens eine mittelmäßige Rolle spielten.
Selbst Kenneth B. Clark, der von der tragenden Funktion der Sozialwissenschaft bei den Beratungen des Supreme Court überzeugt war, kam kürzlich gezwungenerweise zu dem Schluß, daß das Gericht die sozialwissenschaftlichen Erkenntnisse äußerst selektiv und nur mit wenig Überzeugungskraft übernommen hat:

Die Sozialwissenschaftler bringen Beweise für den Schaden, den die menschliche Persönlichkeit durch die totale Rassentrennung erleidet. Mit Hilfe dieser Beweise verbreitete der Gerichtshof die Meinung, daß getrennte Bildungsmöglichkeiten eben wegen der Trennung in sich ungleich sind. Durch diese Beweisführung der Sozialwissenschaftler erwies es sich als unnötig, einen individuellen Schaden beweisen zu müssen und die Chancengleichheit bei jeder Schule festzustellen. Sobald Rassentrennung herrschte, konnte man Ungleichheit voraussetzen. An dieser Stelle muß man festhalten, daß der Gerichtshof auf diese Weise die Erkenntnisse der Sozialwissenschaftler, worauf er bei seiner Entscheidung 1954 aufzubauen schien, mit der Durchführungsverordnung 1955 verworfen hat. Eine empirische Studie über die verschiedenen Formen und Techniken zur Aufhebung der Rassentrennung deutete an, daß eine allmähliche Aufhebung der Rassentrennung die Erfolgschancen oder die Effektivität nicht steigert. Eine direkte und genaue Desegregation innerhalb eines minimalen Zeitraumes, der für die administrativen Veränderungen notwendig ist, könnte den Prozeß erleichtern. Ein allmähliches Vorgehen oder eine Zweideutigkeit und Äquivokation wird hinsichtlich derjenigen, die über die Entscheidungsgewalt verfügen, von den Segregationisten als Unentschlossenheit hingestellt, nährt ihren wachsenden Widerstand und räumt ihnen noch die Frist ein, ihre Opposition zu organisieren, zu intensivieren und zu verlängern. In dieser Hinsicht muß man auf den wachsenden Widerstand und die sporadische gewaltsame Opposition gegen die Desegregation nach der Entscheidung von 1955 hinweisen. Es gibt keinen Beweis dafür, daß eine direktere, spezifische und konkrete Durchführungsverordnung größere Spannungen, Verzögerungen oder Ausflüchte verursacht hätte als die scheinbar rationale, staatsmännische Entscheidung des Gerichtshofes, die die Zeit berücksichtigte. Es scheint unwahrscheinlich, daß die Aufhebung der Rassentrennung in den öffentlichen Schulen langsamer verlaufen wäre (Clark, 1969, S. XXXVII).

Diese Stelle aus Clark ist ein Hinweis auf das zweideutige Vermächtnis der Sozialwissenschaften selbst in diesem berühmten Fall der Aufhebung der Rassentrennung auf dem Bildungssektor. So wie die sozialwissenschaftlichen Daten in einem Jahr angewendet wurden, wurden sie ohne jegliche Folge im nächsten Jahr ignoriert. Zugleich mit der Forderung des Supreme Court, die Aufhebung der Rassentrennung im Süden zu beschleunigen, vermehrten sich die Gegenangriffe durch rassistische Formen der Sozialwissenschaft. Die Arbeiten von Ralph Gilbert Ross und Ernest van den Haag (1957), Arthur Jensen (1969) und Edmund Cahn (1961) vermögen in der Einstellung des Gerichtshofes keine Änderung herbeizuführen. Hier kann man Verdacht schöpfen, daß nämlich Meinungsverschiedenheiten in der Sozialwissenschaft auf das richterliche Entscheidungsrecht in wichtigen Testfällen keinerlei Einfluß hat. Deshalb müssen wir den unwahrscheinlichen Status der Sozialwissenschaft bestätigen, daß sie die Entscheidungspraxis des Gerichtes in der Frage der Gleichstellung mitveranlaßt hat.

Die Sozialwissenschaft hat eine Rolle gespielt, als sie für die Chancengleichheit im Bildungswesen eine objektive logische Begründung lieferte. Aus dem Protokoll geht jedoch hervor, daß beim Supreme Court der Vereinigten Staaten eine Reihe von Fällen anhängig war (wie Brown v. Board of Education und Bolling v. Scharpe), die wie in Plessy v. Ferguson gegen die frühere Doktrin »getrennt, aber gleich« entschieden wurden. Die einstimmige Erklärung des Gerichtshofes, daß »im öffentlichen Bildungssektor die Doktrin ›getrennt, aber gleich‹ nicht vertretbar« ist, stützt sich zwar auf die Sozialwissenschaft, wartete aber nicht gespannt auf diese Information, bevor er die Entscheidung traf. Man kann sogar ins Treffen führen, daß die Gerichte die begründeten Warnungen der Sozialwissenschaftler ignorierten, daß nämlich die Forderung nach Rassengleichheit auf legalem Weg zu spät kommt, um noch die Militanz und die Forderung nach »getrennt, aber gleich« seitens der Betroffenen, nämlich der schwarzen Bevölkerung, zu beeinflussen.

Man muß auf die Beiträge von solchen Leuten wie Kenneth B. Clark, Guy Johnson, Hylan Lewis, Tobin Williams, Howard Odum und J. Milton Yinger und anderen eingehen. Aus Harry S. Ashmores (1954) *The Negro and the Schools* entnehmen wir die Position der *Ford Foundation* und ihrer

Unterorganisation, dem *Fond for the Advancement of Education*, wonach »es der Fonds nicht wagen wird, für oder gegen die Rassentrennung in öffentlichen Bildungsstätten einzutreten, und er vor dem Supreme Court weder die eine noch die andere Seite vertreten wird«. Die beiden anderen Klauseln im Auftrag an die *Ashmore Commission* unterstreichen die Tatsache, daß sich die Sozialwissenschaftler der noch ausstehenden Entscheidung über die Aufhebung der Rassentrennung bewußt und daß sie in der Lage waren, dafür die theoretische Begründung zu liefern und daß sich zu diesem Zeitpunkt – nämlich den frühen fünfziger Jahren – die Sozialwissenschaft ihrer politischen Verpflichtungen weit weniger sicher war als im Verlauf der sechziger Jahre.

Wären im Zusammenhang mit der Frage der Desegregation den Sozialwissenschaftlern 1954 die Beraterfunktionen ehrenvoll zugeteilt worden, hätte womöglich 1964 in der Frage der Konterrevolution größere Klarheit geherrscht. Tatsache ist, daß die Sozialwissenschaft, sei es nun »gut oder schlecht«, die Wirkung und nicht die Ursache einer großen Umwandlung im amerikanischen politischen Leben war.

Das Modell der Verteidigung, womit Thurgood Marshall in den Hearings des Supreme Court über die Desegregation argumentierte, verdient volle Beachtung und stimmt mit dem richterlichen Prüfungsrecht überein. Dasselbe Modell der Verteidigung, das für die Beziehung zwischen Schwarz und Weiß so anerkannt wird, wird in bezug auf die Frage der Konterrevolution im Ausland kategorisch abgelehnt. Während die Regelung des Supreme Court für den Bedarf einer wertfreien Sozialwissenschaft einen exemplarischen Beweis lieferte, richtete jeder sein Augenmerk auf die Mängel dieser Argumentation, die letztlich auf den Werten des Egalitarismus aufbaut. Wenn aber dieselbe Doktrin der wertfreien Sozialwissenschaft wesentlich nüchterner betrachtet wurde, dann aus dem Grund, weil die Befürwortung der Konterrevolution der Vereinigten Staaten nicht eines moralischen Zieles bedarf, das von vielen Sozialwissenschaftlern anerkannt wird. Mit anderen Worten, »ethische Neutralität« kann in der Sozialwissenschaft nur so lange zum Tragen kommen, als unter den Mächten ein ethischer Konsens vorausgesetzt werden kann.

Projekt Clear

Die Stellung des schwarzen Soldaten innerhalb der Armee der Vereinigten Staaten bildet ein besonders reiches und eindrucksvolles Untersuchungsgebiet. Die Arbeiten von Leuten wie Leo Bogart und Elmo C. Wilson verzeichneten dieses militärische Dilemma Amerikas: Auf der einen Seite ein circulus vitiosus rassischer Einstellungen seit der Zeit nach der Revolution bis zur Zeit nach dem Zweiten Weltkrieg und auf der anderen Seite das beständige Bedürfnis nach Menschenkraft im Kampf und zur Verteidigung des Landes – besonders in solchen Zeiten, wo jede Vorstellung von einem gemeinsamen Feind und eines Gefühls gegenseitiger Abhängigkeit geschwunden ist.

Der schwarze Soldat fand sich in der anomalen Situation, auf dem Schlachtfeld überrepräsentiert und im Entscheidungsprozeß unterrepräsentiert zu sein, im Rahmen einer Institution, die auf einem vollständig institutionalisierten System von Loyalität und Pflicht beruht, als Verteidiger von Demokratie und Gleichheit zu gelten. Gewisse Faktoren ließen die Armee gegen Forderungen nach Gleichheit besonders verwundbar werden – unabhängig davon, ob dieser Terminus entweder im integrationalen oder separatistischen Sinn definiert wird. Diese Faktoren sind, ohne sie dem Bedeutungsgrad nach zu reihen:

1. Die Erkenntnis, daß die politische Stärke der Schwarzen einen nationalen, politischen und ökonomischen Faktor darstellt und daher die Armee so handelte, wie es die Zeit nach dem Zweiten Weltkrieg diktierte.

2. Die Avantgarde-Gruppe im Staatsdienst, besonders jene Sektoren, die mit jenen Regierungsabteilungen in Verbindung stehen, die für politische Aktivitäten und die Imagepflege zuständig sind. Geht man von der zunehmenden Internationalisierung der politischen und militärischen Bindungen Amerikas aus, wurde die Notwendigkeit einer Desegregation der Streitkräfte augenscheinlich.

3. Die dauernde Macht der Demokratischen Partei. Geht man von der Tatsache aus, daß die Schwarzen in dieser Partei eine neue Macht aufbauten, wurde in diesen Bereichen unter politischen Aspekten der Drang nach Gleichheit besonders stark.

4. Das lebensnotwendige Bedürfnis der Armee nach Kampfstärke und die äußerste Verzweiflung über die schlechte

Kampfleistung von künstlich nach Rassen getrennten Einheiten. Die Neumobilisierung während des Koreakrieges und große Leistungen der Mannschaften beschleunigten den Prozeß der Desegregation.

5. Die Armee öffnete vielen schwarzen Jugendlichen in einer Zeit, wo politische Militanz noch nicht dominierte, nach vorgezeichneten bürokratischen Bahnen den Weg nach oben. Was immer an der Armee auch falsch war, so hält sie uns letztlich kristallkar vor Augen, wer und auf welche Weise man in höhere Ränge vorrückt. Dazu wurde in dieser Zeit die hohe Arbeitslosigkeit unter den schwarzen Jugendlichen leicht und direkt durch die Eingliederung in den Apparat einer Massenarmee behoben.

Es gab in den Vorschriften zur Aufhebung der Rassentrennung zweifellos andere Faktoren, die sich in der Militärordnung herauskristallisierten, die von der Armee Januar 1950 publiziert wurde und die eine Politik der gleichen Behandlung und der Chancengleichheit für alle Personen innerhalb der Armee ohne Rücksicht auf Rasse, Farbe, Religion oder nationaler Herkunft verfolgte. Bedeutend ist daran vor allem, daß diese Form einer Konfliktlösung im großen und ganzen ohne sozialwissenschaftliche Berater stattfand.

1950 wurde jedoch ein hervorragendes Team von Sozialwissenschaftlern zur Mitarbeit am *Operations Research Office* (ORO) herangezogen, »um ein Projekt in Angriff zu nehmen, wie Neger innerhalb der Armee am besten verwendet werden können«. Die Arbeit lief unter der Bezeichnung »Project Clear« und wurde von einem hohen ORO-Offizier so beschrieben: »Die Armee will wissen, was sie mit all ihren Negern tun soll.« Das »Forschungsteam« wurde also ins Leben gerufen, nachdem und nicht bevor die Aufhebung der Rassentrennung inoffiziell zur Politik der Armee der Vereinigten Staaten erklärt worden war.

Die Sozialwissenschaften wurden wieder einmal (und diesmal auf der »guten« Seite) als Legitimierungsorgan eingesetzt. Die Sozialwissenschaftler sollten vor allem operationales Material über die Verwendung menschlicher Kraft liefern und nicht über die Wünschbarkeit oder Durchführbarkeit von Rassentrennung oder Integration, was im Militär bereits allgemein anerkannt worden ist. In der Tat stellte Leo Bogart (1969, S. 1–41) in seiner Zusammenfassung über Sozialwissenschaft und öffentliche Politik zu diesem Gegenstand fest:

Die Aufhebung der Rassentrennung in der Armee wurde aus historischer Notwendigkeit, nicht durch die Forschung gewollt. Sie hätte sich ohne das *Project Clear* und wahrscheinlich nicht viel umständlicher oder viel später durchgesetzt. Die Sozialforschung wurde in diesem Prozeß im großen Maßstab und mit hohen Kosten betrieben, um zu dieser Entscheidung zu gelangen und die Mittel zur Verbesserung und Stärkung dieser Entscheidung auszuarbeiten. Das heißt, daß sowohl die große Entscheidung als auch alle subsidiären Entscheidungen von der Wirkung dieser Untersuchungen nicht wirklich getrennt werden können.

Das Projekt Clear zeitigt vier wichtige Resultate über die »Erfahrung bei der Integration«: (1) streng hierarchische Strukturen wie in der Armee konnten die Aufhebung der Rassentrennung wesentlich effizienter gestalten als Institutionen, die auf freiwilliger Aktion beruhen; (2) schwarze Amerikaner wehren sich innerhalb und außerhalb der Armee verstärkt gegen die Rassentrennung; (3) viele schwarze Offiziere und nichtpatentierte Offiziere besitzen aufgrund ihrer Stellung einen Rang und Privilegien, die sie verlieren würden, würde die Aufhebung der Rassentrennung bei den Streitkräften unmittelbar abgebrochen werden; (4) innerhalb der Armee gibt es trotz vorhandener de jure-Schranken eine de facto-Segregation.
Solche »Resultate« sind zwar offensichtlich von besten liberalen Absichten und der besten Forschungstradition in Form von Gutachten getragen, verstärken aber nur die Mandarin-Tradition. Keine der Fragen, die auftauchen, geht über die Legitimierungsfunktion des Projekts Clear hinaus, und das Resultat ist eine armselige Wissenschaft. Die Forscher hätten die soziale Struktur der Armee auf diese Weise untersuchen können – und erklären, wie jeder »absolute« Gleichheitsbegriff innerhalb der Institution des Militärs unmöglich wird. Sie hätten auch erklären können, wie man zwischen der Gleichheitstheorie bei den Streitkräften und den höheren Zielen des Koreakrieges den Zusammenhang herstellen kann. Sie hätten untersuchen können, ob die schwarzen Armeeangehörigen Gleichheit anstreben oder ob die Gleichheit als ein allgemeines gesellschaftliches Ziel durch den Militärdienst frustriert werden könnte.
Aus Fairneß muß man darauf hinweisen, daß die einleitenden

Bemerkungen zum Projekt Clear, die erst zwei Jahrzehnte nach der eigentlichen Forschungsarbeit entstanden sind, die oben erwähnten Fragen zu erfassen versuchen. Die ersten Feldstudien gehen darüber hinweg, diese Berichte aber waren die Basis für die Schlußfolgerungen; sie wurden zur eigentlichen Einnahmequelle und nicht erst die Einleitung, die später ergänzt worden ist. Um es noch einmal zu betonen, es soll hier nicht eine der Sozialwissenschaft inhärente Unfähigkeit behauptet werden, die Aufgabe der Kritik und andere dringende Aufgaben zu erfüllen, sondern aufgezeigt werden, daß der Mandarinismus genauso zum liberalen Flügel wie zum konservativen Flügel innerhalb der Soziologie gehört. Nicht die politische Ideologie, sondern die Qualität der sozialwissenschaftlichen Unabhängigkeit steht auf dem Spiel.

Projekt Camelot
Der Fall des im negativen Sinn berühmten Projektes Camelot ist typisch dafür, was bei einem fehlenden Konsens über das Forschungsziel passiert. Dieses Fünf-Millionen-Projekt zur

Messung des Potentials für einen Bürgerkrieg und zur Beurteilung der Wirkungen einer Reaktion lenkte die Politik der Vereinigten Staaten nicht auf eine Revolution in den unterentwickelten Gebieten. Ganz im Gegenteil, es war eine Folge des Scheiterns konterrevolutionärer Missionen der Vereinigten Staaten in so abgelegenen Gebieten wie Kuba und Vietnam. Die Aktionsprogramme auf Gesellschaftsebene und die Unterstützung von Militärregimes durch die Staaten nach eigener Wahl setzte schon vor Mitte der sechziger Jahre ein. Man kann von der Vermutung ausgehen, daß das Projekt Camelot durch die außergewöhnlichen Fehler der konterrevolutionären Projekte in den frühen sechziger Jahren initiiert worden ist (Horowitz, 1967, S. 41–44).

Ohne noch einmal auf die Bedeutung des Projektes Camelot eingehen zu wollen, zeigen doch einige simple Tatsachen, wie etwa die Asymmetrie des Forschungsplanes, daß das Projekt eine Folge und nicht Ursache unserer Außenpolitik gewesen ist. Es wurde nicht der Beginn einer revolutionären Entwicklung untersucht, sondern die Möglichkeit, ihn zu frustrieren und zu verhindern.

Der Eklektizismus schadete den wissenschaftlichen Zielen der Camelotforschung. Die vier Mitarbeiter des Forschungsprojektes legten einen Entwurf in vier Abschnitten vor. Aus der Aufstellung des Planes konnte man keinesfalls schließen, ob einheitliche Resultate entweder antizipiert oder sogar mit einiger Begründung erwartet wurden. Wäre die Arbeit als solche – nämlich als vier Papierstöße – anstelle einer »einheitlichen Front« von Vor- und Einstellungen präsentiert worden, hätte sich der wissenschaftliche Charakter stärker durchgesetzt, und man hätte die politisch ausgerichteten Momente in der weiteren Perspektive der sozialwissenschaftlichen Arbeit sehen können. Viele hielten sich zurück, obwohl sie hätten Kritik üben können. Die Arbeitsgruppen des Projektes Camelot stießen sofort auf die Reaktion der Leiter des Projektes, sobald sie Kritik üben wollten. Ihre Rolle als Legitimatoren und nicht Innovatoren beschränkte eine Kritik mehr auf technische als auf ethische Probleme.

In den Beschreibungen des Projekts tendierte man zu einer neutralen Ausdrucksweise. Man sprach von einem »Vorläufer« eines inneren Krieges als »ein Ereignis, das den Krieg direkt in Gang setzt«, während »Vorbedingungen Zustände« sind, »die es dem Vorläufer ermöglichen, politische Gewalt herbeizuführen«. »Ereignisse« setzten offensichtlich immer nur Personen, niemals aber Kriege in Gang. »Präzipitanten« verursachen niemals politische Gewalt, sondern nur Partizipanten.

Man kritisierte im allgemeinen eine Sozialwissenschaft, die nicht imstande war, sich mit sozialem Konflikt und sozialer Kontrolle auseinanderzusetzen. Während darin schon eine beachtliche Anerkennung liegt, läßt der Grundtenor und der Kontext des Aufbaus deutlich erkennen, daß eine »stabile Gesellschaft« vorausgesetzte Norm und auch erwünschtes Ziel ist. Der »Zusammenbruch der gesellschaftlichen Ordnung« wird wie eine Anklage formuliert. Die Kritik richtet sich eigentlich nicht gegen die stabilisierenden Einrichtungen in Entwicklungsgebieten, sondern geht grundsätzlich davon aus, daß sie gar nicht vorhanden sind. Von der Voraussetzung ausgehend, daß die Armee als eine stabilisierende Institution Legitimationsfunktionen ausübt, übt man keinerlei Kritik an der Politik der Armee der Vereinigten Staaten: »Will die U.S.-Armee ihren Beitrag zur konterrevolutionären Sendung der USA wirksam leisten, muß sie im Aufstand den Zusammenbruch der Gesellschaftsordnung erkennen.« Diese Aussage wurde nie in Frage gestellt – weder von einem Armeeoffizier noch von einer anderen Person. Problematisch ist allein die Frage, ob ein solcher Zusammenbruch im Wesen des bestehenden Systems begründet oder ein Produkt konspiratorischer Umtriebe ist. Die neutralisierende Ausdrucksweise verschleiert hier die antirevolutionären Voraussetzungen hinter einer Wolke nebuloser Pseudoerklärungen.

Auch in Darstellungen von politischen Regimes und Nationen, die Forschungsgegenstand sind, finden wir diese glatte, neutrale Terminologie. Paraguay wird als Beispiel herangezogen, »weil es zur Zeit (unter dem Stroeßner-Regime) aus dem Blickwinkel des Überganges von ›Diktatur‹ zu politischer Stabilität in gewissen Strömungen einzigartig ist«. Welcher »Übergang« ist hier gemeint? Seit wann betrachten die Sozialwissenschaftler Diktatur und politische Stabilität ihrer Bedeutung nach in derselben Ebene? Es existierte keine »stabilere« Diktatur als die Hitlers. Man kann von einem Übergang von Diktatur zu Demokratie oder vom Totalitarismus zum Autoritarismus sprechen. Setzt man dem Wandel von Diktatur zu Stabilität an, ist man zumindest ungenau. Mit dieser Taktik soll in diesem Fall die Tatsache verschleiert werden, daß Paraguay eine der übelsten, undemokratischsten (und stabilsten) Gesellschaften in der westlichen Hemisphäre ist.

Das ist für diese Form reiner (hygienischer) soziologischer Prämissen, die außerwissenschaftlichen Zwecken dienen, kennzeichnend. Sie illustrieren die Unsicherheit in der Frage der Person, welcher die Repräsentanten des Projektes Camelot verpflichtet sind. Es kommen keine ideologischen Termini vor wie »revolutionäre Massen«, »Kommunismus«, »Sozialismus«, »Kapitalismus« und so weiter, weshalb sich das Unbehagen im Verlauf einer näheren Überprüfung steigert, weil die Probleme der internationalen Revolution durch eine abstrakte Sprache mehr verdeckt als gelöst werden. Diese Ausdrucksweise geht nicht über das Vokabular hinaus, wie es in der Armee der Vereinigten Staaten gepflogen wird, nicht weil sie dem revolutionären Vokabular überlegen, sondern einfach weil sie die Sprache des Spenders ist. Würde man eine eindeutig politische und nicht eine militärische Ausdrucksweise wählen, könnte man die Unterstützung durch die Regierung nicht »rechtfertigen«. Darüber hinaus setzte man einfach die Respektabilität der Akademiker voraus und zog sie den Erneuerungsbestrebungen vor. Indem man nach den Regeln der Systemtheorie vorgegangen ist, ließ man die problematischen zieloffenen und praktischen Aspekte der Untersuchung von Revolutionen unberücksichtigt, wodurch der Rahmen des Systems zu einer drückenden Fessel des wesentlichen Inhalts der untersuchten Probleme wurde.

In der Sache Camelot folgt daraus eine wichtige Überlegung. Nicht allein die Bedeutung der Fragestellung entscheidet über die Wichtigkeit des Projektes per se. Eine Soziologie, die in großem Rahmen arbeitet und nicht in einem freien Raum schwebt, besitzt an sich einen großen Wert. Es steckt ein Sinn dahinter, wenn Gelehrte ihren Ruf zu riskieren bereit sind, um bei der Lösung der großen gesellschaftlichen Probleme der Welt mitzuhelfen. Es ist aber nicht minder wichtig, daß trotz ihrer Bereitschaft, ihr Augenmerk auf große internationale Probleme zu richten, der autonome Charakter der sozialwissenschaftlichen Disziplinen und die für sie gültigen Kriterien für den Wert wissenschaftlichen Wissens erhalten bleiben. Die Zweideutigkeit, Asymmetrie, der Eklektizismus und die bruchstückhafte und programmatische Art selbst der fortschrittlichsten Dokumente, die vom Projekt Camelot in Umlauf gesetzt wurden, verloren diesen autonomen Charakter der Sozialwissenschaft aus den Augen, indem sie sich für die umfangreicheren Forderungen der Gesellschaft einsetzten.

Die Leitung von Camelot ließ niemals untersuchen, wie weit Veränderungen notwendig und eine erfolgreiche Revolution wünschbar wären. Diese Fragestellung hätte der Untersuchung gleich gute Dienste geleistet wie jene Fragestellung, die als Richtlinie gewählt worden ist, nämlich unter welchen Bedingungen Revolutionäre die Regierung zu stürzen in der Lage sind. Darüber hinaus übergingen sie auch die Rolle der Vereinigten Staaten in diesen Gebieten, worin die Asymmetrie verborgen liegt. Das Problem hätte so formuliert werden müssen, daß sowohl die Untersuchung von »uns« wie auch von »ihnen« daruntergefallen wäre. Die sozialwissenschaftliche Analyse einer konkreten Situation muß die Haltung der verschiedenen Personen und entscheidenden Gruppen mitberücksichtigen, die damit zu tun haben. Im Rahmen des Camelotprojektes gab es keinen Platz für eine solche Kontingenzanalyse – und an dieser Stelle liegt die Schwäche der Legitimierungsmodelle.

Diese Einseitigkeit ist keine außergewöhnliche Erscheinung. Die Fehler dieser Methode wurden keinem der wichtigen Mitarbeiter an diesem Projekt sofort bewußt. Die Unterschiede zwischen Camelot und den sonst in der Soziologie geübten Praktiken waren scheinbar nicht so schwerwiegend, um besondere Vorsichtsmaßnahmen zu rechtfertigen. Die Präzedenzfälle, worauf man sich berufen hat, erschienen aufgrund ihrer Vielfalt als sicher.

Ein Beispiel aus früherer Zeit war die Industriesoziologie, wo jahrelang im wesentlichen über Probleme des Managements gearbeitet wurde. Es traten jedoch einige Soziologen in Erscheinung, die sich zur Seite der Arbeiter hingezogen fühlten, die Verhältnisse in der Geschäftswelt durchschauten und eine Soziologie zu kritisieren begannen, die lediglich die schmutzige Arbeit des industriellen Managements ausführte. Die medizinische Soziologie ist ein besseres Beispiel. Was die Medizin anbelangt, eignet sich beinahe jeder (auch heute noch) unkritisch die Meinung an, daß alles, was die Mediziner wollen und äußern, auch für jedermann gut ist. Bis zur Veröffentlichung von *Boys in White* kam niemand auf den Gedanken zu fragen, wie die Situation auch aus der Sicht des Patienten aussieht (Becker, 1961). Später kam noch eine weitere Ausnahme dazu – eine Forschung, die den Mediziner wie jeden anderen behandelt wissen wollte.

Viele Soziologen stellen einfach deshalb unsachgemäße Fragen, weil sie durch eine solche Vorgangsweise marktgerechten Legitimierungszwecken dienen. Sobald sie wie im Fall des Projektes Camelot die Chance wittern, auf die politischen Entscheidungsträger Einfluß ausüben zu können, wissen sie nichts Besseres, als abgedroschene methodologische Formen wieder aufzufrischen. Man greift dann auch wieder auf die ursprünglichen substantiellen Richtlinien zurück. Wir können uns die Vorstellung der Aufklärung nicht aneignen, daß man die Machthaber nur mit der Wahrheit konfrontieren muß, damit sie richtig handeln. Manche haben in bester Absicht den Elitismus zum ausschließlichen Bezugsrahmen gewählt. Man muß sie daran erinnern, daß diese Einstellung nicht die einzig mögliche ist.

Die Asymmetrie des Projektes Camelot hat zwei Seiten. Erstens wurden nicht alle Fragen gestellt, die man hätte aufwerfen müssen. Zweitens fügten sich die Motive und Neigungen der

Förderer nicht in den Rahmen der Untersuchung ein. Man hat weder als Ergebnis noch zur Verteidigung des Projektes Camelot an den konterrevolutionären Programmen irgendwelche Änderungen vorgenommen. Das Projekt wurde einfach inaktuell, als sich der Kampf intensivierte und sich die politische Distanz innerhalb der Regierung erweiterte. Weder in den Reihen der Exekutive, im Außenministerium unter Rusk, noch im Verteidigungsministerium unter McNamara versuchte man, das Projekt zu verteidigen. Alle stimmten darin überein, daß das Projekt »unglücklich« war, und nur wenige rafften sich zu der Erklärung auf, daß es zumindest einen abstrakten Wert besaß.

Der Moynihan-Bericht
Das vierte Beispiel für die Meinung, die Sozialwissenschaft hätte die nationale Politik beeinflußt, ist der berühmte Moynihan-Bericht über die *Negro Family: The Case for National Action* (Moynihan, 1965). Die Reaktion auf nationaler Ebene war in diesem Fall gleich stark wie auf internationaler Ebene auf das Projekt Camelot. Aber auch hier trifft es nicht zu, daß der Bericht einen neuen Kurs in der politischen Aktion entweder angeregt oder verursacht hat. In Wirklichkeit intensivierte diese Untersuchung nur wie bei Camelot die stereotypen Urteile über das Leben der Schwarzen und bestätigte die Grundsätze der Wohlfahrtspolitik, wie sie von der Regierung Johnson projektiert wurden. Der Moynihan-Bericht enthielt über das Familienleben der Schwarzen keine neuen Erkenntnisse, sondern verewigte statt dessen die politischen Maßnahmen der Demokratischen Partei in solchen Fragenbereichen wie Gesundheit, Soziales und Erziehung.
Die Kritik an diesem Bericht richtet sich am häufigsten dagegen, daß sein Verfasser von »der Negerfamilie« sprach und damit jenen Schwarzen Unrecht tat, deren Leben nicht durch jene Instabilität und Pathologie gekennzeichnet war, womit er sich auseinandersetzte. Moynihan verwies in seinem Bericht an zwei Stellen auf zwei große Gruppierungen, die sich innerhalb der schwarzen Gemeinde bilden – der stets erfolgreiche Mittelstand und eine immer stärker desorganisierte untere Klasse. Selbst wenn jemand die Kraft, die der schwarzen Gemeinschaft entspringen soll, betonen und den »guten Namen« der schwarzen

Familie bewahren wollte, war er mit den Beschreibungen Moynihans keineswegs einverstanden (vgl. Rainwater und Yanky, 1967).

Der Bericht enthielt für jene Sozialwissenschaftler, die sich aus beruflichen Gründen für die Lage der schwarzen Amerikaner interessierten, wenig Neues. Er ist eher eine dramatische und politisch-orientierte Darstellung der Leiden der schwarzen Amerikaner, die sich zwar eingebürgert hat, aber allgemein nicht unterstützt wird. Dem Bericht Moynihans liegt ein Bild vom Leben der schwarzen Bürger zugrunde, das der große Negersoziologe E. Franklin Frazier (1962) vor mehr als dreißig Jahren vorgezeichnet hatte. Die eigentlich zeitgemäße Quelle für die Überlegungen dieses Berichts ist vermutlich die Arbeit von Kenneth Clark (1967), dessen Buch *Schwarzes Getto* etwa zu dem Zeitpunkt erschien, als der Bericht an das Weiße Haus abgeschickt wurde. Die Arbeit Moynihans erhielt die Gestalt eines Tests, womit die Genauigkeit der Aussagen Fraziers getestet und dann bestätigt wurde, und zwar insofern sie auf die widersprüchlichen Auswirkungen Bezug genommen haben, die sozioökonomische Verarmung und familiäre Desorganisation auf das Leben der schwarzen Amerikaner nach ihrer Auswanderung in die Städte ausüben. Er versuchte auch zu zeigen, daß die Arbeit Clarks in Harlem, die ursprünglich 1964 als ein Bericht des HARYOU Projektes mit dem Titel *Youth in the Ghetto* veröffentlicht worden war, einen Prozeß beschrieb, der sich nach allgemeiner Meinung generell auf die schwarzen Viertel der amerikanischen Städte anwenden läßt. Der Bericht liefert Material über die Lage der Schwarzen während der letzten fünfzehn Jahre, besonders in bezug auf die Arbeit der Regierung und die Wohlfahrtsprogramme.

Der Moynihan-Bericht sollte die neuen von Präsident Johnson erstellten Richtlinien legitimieren, die über die Kennedy-Periode hinausgingen. Man wollte damit eine Verlagerung des Schwergewichtes von den zwei großen Zielen während der Kennedy-Jahre rechtfertigen – nämlich Aktionsprogramme der Gemeinde und Wohlfahrtsleistungen – und statt dessen Beschäftigung, Einkommenssicherung und Bildungschancen stärker in den Vordergrund rücken. In diese Richtung drängten die schwarzen etablierten Führer, und rückblickend erscheint es plausibel, daß Präsident Johnson diese Rangordnung akzeptierte

– wie man anhand seiner Unterstützung des OEO-Programms für ein Maximum an praktikabler Partizipation erkennen kann. Warum trifft diese Legitimierungsfunktion mit dem verheerenden Schicksal des Projekts Camelot und anderer solcher Bemühungen und sozialwissenschaftlicher Beiträge zusammen?
Black Power und schwarzer Nationalismus waren bis zu diesem Zeitpunkt unter den aktiven schwarzen Bürgerrechtlern langsam stärker geworden und spielten in der Moynihan-Kontroverse eine nur untergeordnete und im großen und ganzen unerkannte Rolle. Plötzlich standen sie im vollen Licht der nationalen Massenmedien, wobei die konservativen Bürgerrechtler eher konsterniert waren, die jüngeren, radikaleren Aktivisten sie zum Teil guthießen und dadurch Halt gewannen. Als nationale Frage wurde das schwarze Problem jetzt im Sinne des Interesses an der Black Power, schwarzen Autonomie und schwarzen Sezession von den von den Weißen beherrschten Strukturen definiert.
Als Reaktion auf die erste Exkursion Martin Luther Kings in die Gettos des Nordens zeigten die Weißen von Chicago und Cicero ihr »südliches Gesicht«, indem sie mit Gewalt auf die Forderung der Schwarzen antworteten, die ihr sicheres Recht auf angemessene Wohnverhältnisse behaupteten. Das Fernsehen lieferte jedem, der es vergessen hatte, die Tatsache frei Haus, daß das tiefste Vorurteil Formen von Wohnungsdiskriminierung und Segregation unterstützte. Diese Weißen »würden sich mit Leib und Seele dagegen stemmen«, daß den Schwarzen das Recht auf gleiche Wohnmöglichkeiten eingeräumt wird und würden sicherlich nicht die Gleichheitsprogramme unterstützen.
Im Verlauf des Sommers arteten Frustration und Zorn, durch das Leben im Getto genährt, in mehrere kleinere Unruhen im ganzen Land aus; allmählich begannen Furcht und der Wunsch, dem Einhalt zu gebieten, das Denken der Menschen in der Regierung und in den weißen Gemeinden zu beherrschen. Herbst 1966 richtete sich die Aufmerksamkeit der Regierung in Fragen der Bürgerrechte auf die Auswirkungen der Black Power, der Unruhen und die »Reaktion« der Weißen bei den Novemberwahlen. Die verwässerte Gesetzgebung für einen freien Wohnungsmarkt, die 1966 während des Sommers dem Kongreß vorgelegt worden war, hatte im Weißen Haus nie eine aufrichtige Unterstützung erlebt, wie es zu Beginn des Jahres

von einigen unserer Informanten vorausgesagt worden war. Obwohl die Delegierten der *White House Conference* darauf bestanden hatten, daß diese Vorlage sowohl kräftig unterstützt als auch durchgebracht wird, bestand die Unterstützung des Präsidenten lediglich in Gesten in der Öffentlichkeit. Wie Everett Dirksen nach einem Besuch bei Johnson einem Reporter gegenüber es ausdrückte, »sagte der Präsident, daß er die Durchführung dieser Vorlage wünschte, aber er sagte es nicht mit besonderem Nachdruck«.

Für die *White House Conference* bestand das zentrale Bürgerrechtsproblem darin, »wie man die Unruhen beenden könnte, ohne allzu viel zu tun«. Ließe man weitere Unruhen zu, würden die Weißen einen Rückschlag erleiden und die Republikaner in den Novemberwahlen einen Stimmenzuwachs für sich buchen können. Eine Beschleunigung des sozialen und wirtschaftlichen Wandels in den Gettos des Nordens, die notwendig gewesen wäre, um weitere Unruhen zu unterbinden, hätte den Republikanern ebenfalls weitere Stimmen eingebracht.

Die Ermordung von James Meredith, der darauffolgende Aufstieg der Black Power, der weiße Rassismus, wie er sich in den Ereignissen von Chicago und Cicero äußerte, die wachsende Angst vor einem weiteren Stimmenverlust bei den Novemberwahlen und die Eskalation in Vietnam endeten darin, daß die Regierung Johnson sich noch weiter von den Grundsätzen politischer Aktion entfernte, wie sie in der Rede der Howard University formuliert worden waren.

Eine weitere negative Auswirkung des Rechtsrucks, der sich in diesen Ereignissen ankündigte, war eigentlich der Kampf gegen die Armut und seine bürokratische Verkörperung in Gestalt des *Office of Economic Opportunity*. Vom Frühjahr 1966 an kündigten die als Autorität anerkannten Quellen den Zusammenbruch des OEO an, sobald seine Programme von anderen Institutionen absorbiert oder schon im Entstehungsstadium aufgegeben würden. Bemühte sich jemand wie Moynihan darum, dem Krieg gegen die Armut eine andere Richtung zu geben, so wurden diese Versuche durch die Frage überschattet, ob Anti-Armutsprogramme überhaupt eine ausreichende Finanzierung finden würden.

Der Sieg der Republikaner brachte 1966 endgültig die Stagnation der Bemühungen der Regierung auf dem Gebiet der Armut und der Bürgerrechte. Unabhängig davon, ob man diesen Sieg dem Meinungsumschwung der Weißen, den steigenden Lebenskosten oder der wachsenden Sorge über den Vietnamkrieg zuschreibt – die verwässerte Gesetzesvorlage für das Wohnungswesen, die am 89. Kongreß gescheitert war, würde zweifellos im 90. Kongreß noch größeren Schwierigkeiten begegnen. Die Chance, daß die bestehenden Programme verwirklicht, geschweige denn neue erstellt werden, wurde immer geringer. Moynihan selbst wurde mit seiner Rolle als Legitimator der Regierung immer unzufriedener (Moynihan, 1969).

Der Moynihan-Bericht und seine Verwendung durch die Regierung entstanden in einer Situation, wo die Regierung wagemutig vorgehen wollte, anstatt nur einfach auf die Bürgerrechtsbewegung zu reagieren. Die Regierung fühlte sich für neue Richtlinien und Programme politisch vorbereitet. Vom Standpunkt einer unabhängigen Regierungsaktion aus waren die von Moynihan gestellten Fragen überholt. Das *Randolph Freedom Budget* bemühte sich um eine detaillierte Beschreibung jener Art von Programmen, worauf die Bemühungen Moynihans ausgerichtet waren und erschien in derselben Woche in der Öffentlichkeit, als die Koalition zwischen den Republikanern und dem Süden ihre Hegemonie im Kongreß wiedererlangt hatte. Die Lebensbedingungen in den Gettos des Nordens bleiben unverändert und mit ihnen die Notwendigkeit umfangreicher sozialer und ökonomischer Veränderungen. Es ist unwahrscheinlich, daß die Bürgerrechtsbewegung oder die immer höheren Erwartungen und Forderungen der schwarzen Amerikaner wieder verschwinden.

Unabhängig von der neuen Richtung, die Präsident Johnson bei der Behandlung der schwarzen Frage einschlug, war der politische Kurs nur im geringen Maß von Moynihan oder den Sozialwissenschaften abhängig. Der Bericht stieß bei den schwarzen Führern jeder Richtung und ihren weißen Anhängern auf eine tiefe Feindseligkeit. Er erschien zu dem Zeitpunkt, als sich 1966 der Rechtsruck ereignete. Der Bericht wurde unterdrückt und blieb daher ohne besondere Wirkung auf den tatsächlichen politischen Kurs. Es ist interessant, daß Moynihan als Berater Präsident Nixons keine neuen Schritte unternahm, um diesen Bericht auf den neuesten Stand zu bringen, neuerlich zu veröffentlichen oder in die Tat umzusetzen.

Der Sinn dieser vier Fallstudien – die Anwendung der Sozialwissenschaft durch den Supreme Court, die Haltung der Armee der Vereinigten Staaten in der Frage der Rassentrennung, das Projekt Camelot des Verteidigungsministeriums und die Anwendung der Sozialwissenschaften durch das Arbeitsministerium im Bereich der Beschäftigung der schwarzen Amerikaner – liegt darin, daß die Sozialwissenschaften in Form dieser Studien in Aktion festgehalten sind. Es gibt noch andere Beispiele für den Einsatz der Sozialwissenschaften, die in Form von Berichten vorliegen: die Verwendung der Entscheidungs- und Spieltheorie 1962 in der Kubakrise und 1960–1961 der Einsatz der Verhaltensforschung zur Stimulierung und Formulierung von Programmen als *fallout shelter programs* (Kahn, 1960). Der totale Fehlschlag solcher Programme für den Fall eines Ausfalls der Sicherheitssysteme erregt den Verdacht, daß dieses Proramm die sozialwissenschaftlichen Berichte eher heuristisch und nicht so sehr wissenschaftlich anwendet. Die Arbeit von Ithiel de Sola Pool und der *Simulmatics*-Gruppe aus 1969 zur Untersuchung der Vietkong-Gefangenen hat das Engagement Amerikas in Vietnam eigentlich weder beendet, noch verändert oder eingeschränkt.

Der Zweck dieses Buches besteht nicht in der Erkenntnis, daß für die Innen- oder Außenpolitik ein intensiverer Gebrauch der Sozialwissenschaften mehr Vorteile oder mehr Nachteile mit sich brächte, sondern lediglich in dem Hinweis, daß die vielgerühmte Anwendung so oft post facto einsetzt und damit die Vorhersage oder Bewertung solcher politischer Programme bezweckt wird. Es sind sehr wenig sozialwissenschaftliche Gutachten bekannt, die ein politisches Progamm initiierten und gefestigt haben. Was die Ursache zu sein scheint, ist in Wirklichkeit die Wirkung; es erscheint als Ursache, weil es für die Politiker zweckdienlich ist, über sozialwissenschaftliche Legitimatoren zu verfügen, während es dem Zweck der sozialwissenschaftlichen Legitimatoren dient, unter der Voraussetzung ihrer Autorität weiterzuarbeiten, weil sich dadurch ihre Chancen auf künftige Partizipation und Fondsunterstützung erhöht.

Ashmore, H. S. (1954): The Negro and the Schools. Chapel Hill, N. C.: University of North Carolina Press.
Becker, H. S. (1961): Boys in White: Student Culture in Medical School. Chicago: University of Chicago Press.
Bogart, L. (Hrsg.) (1969): Social Research and the Desegregation of the U.S. Army. Chicago: Markham.
Cahn, E. (1961): The Predicament of Democratic Man. New York: Macmillan.
Clark, K. B. (1967): Schwarzes Getto. Düsseldorf, Wien: Econ.
Clark, K. B. (1969): The Sociel Scientists, the Brown Decision and Contemporary Confusion. In: L. Friedman (Hrsg.): Argument: The Oral Argument Before the Supreme Court in Brown v. Board of Education of Topeka, 1952–1955. New York: Chelsea House.
Frazier, E. F. (1962): Black Bourgeoisie. New York: Macmillan.
Horowitz, I. L. (1967): The Rise and Fall of Project Camelot: Studies in the Relationship Between Social Science and Practical Politics. Cambridge, Mass.: M.I.T. Press.
Horowitz, I. L. und Horowitz, R. L. (1970): Tax-Exempt Foundations. Science, Bd. 168 (10. April), S. 220–228.
Jensen, A. (1969): How Much Can We Boost I.Q. and Scholastic Achievement. Harvard Educational Review. Bd. 39 (Winter), S. 18–61.
Kahn, H. (1960): On Thermonuclear War. Princeton, N. J.: Princeton University Press.
Lasswell, H. D. (1951): The Policy Orientation. In: D. Lerner und H. D. Lasswell (Hrsg.): The Policy Sciences. Stanford, Cal.: Stanford University Press.
Moynihan, D. P. (1965): The Negro Family: The Case for National Action. Washington, D.C.: Office of Policy Planning and Research, U.S. Department of Labor.
Moynihan, D. P. (1969): Maximum Feasible Misunderstanding: Community Action in the War on Poverty. New York: Free Press.
Rainwater, L. und Yancey, W. L. (1967): The Moynihan Report and the Politics of Controversy. Cambridge, Mass.: M.I.T. Press.
Ross, R. G. und van den Haag, E. (1957): The Fabric of Society: An Introduction to the Social Sciences. New York: Harcourt Brace Jovanovich.
Weidenbaum, M. (1969): The Use of Social Science Research in the Federal Administration. Conference on Social Science and National Policy, Rutgers University, November 1969 (Vervielfältigung).

Viertes Kapitel
Nationale Politik und private Forschung

Die große steuerfreie Stiftung ist ein Ausfluß der Privatunternehmen. Die Stiftungen erlangten einen einzigartigen Status, den man im Rahmen des »öffentlichen« oder »privaten« Sektors nur ungenau beschreiben kann. In diesem Kapitel soll der Einfluß von steuerfreien Stiftungen auf die öffentliche Politik der Vereinigten Staaten untersucht und gezeigt werden, daß ihre Rolle als »dritter Sektor« kaum eine Garantie dafür ist, daß ihre Tätigkeit auch akzeptiert wird oder ihre wirtschaftliche Basis sichergestellt ist, selbst wenn sie eine neue Richtung einzuschlagen bereit sind.

Der Ausdruck »Stiftung« bezieht sich auf Organisationen, die das zwanzigste Jahrhundert (meistens in Gestalt von Korporationen oder Trusts) hervorgebracht hat und die im weiteren Sinn karitativen Zwecken dienen und über beträchtliches Kapital und ein größeres Einkommen aus Spenden, Hinterlassenschaften und Investitionen verfügen. Durch den Abschnitt 501-c-3 des *International Revenue Code* sicherte man ihnen einen steuerfreien Status zu. Dem Abkommen gemäß gewährt man Steuerabschreibungen bei der Einkommens-, Schenkungs- und Vermögenssteuer im Fall von Beitragszahlungen für Stiftungen. Weder solche Organisationen, die aus Regierungsfonds gespeist werden, noch formale Bildungs- oder Kirchinstitutionen kann man als Stiftungen bezeichnen, auch nicht Organisationen, die im öffentlichen Interesse Tests und Experimente vornehmen, auch nicht bestimmte, nicht steuerfreie Trusts, die gewisse Fonds für karitative Zwecke zur Verfügung stellen.[9]

---

[9] Zur Unterscheidung zwischen Stiftungen und anderen öffentlichen Wohlfahrtsorganisationen siehe *U.S.-Department of the Treasury* (1965, S. 9–10).

Ein Längsprofil von Stiftungen und Regierungen

Die großen Stiftungen faßten in den Vereinigten Staaten zu Beginn dieses Jahrhunderts Fuß. Sie sind das ureigene Produkt eines Überfluß-Industrialismus. Ohne den ungeheuren Überschuß an Wohlstand und Reichtum, der sich während des zwanzigsten Jahrhunderts in den Vereinigten Staaten akkumulierte, wären Organisationen in diesem Umfang nicht möglich. Sie haben ihren Ursprung jedoch in karitativen Organisationen, die in der früheren amerikanischen Geschichte weit verbreitet waren.[10] Sie erhielten durch kulturelle Einflüsse, die in diesem Ausmaß nirgends eine Parallele finden, einen Rückhalt, wodurch die »Caritas« als Modus zur Linderung sozialer Probleme stark in den Vordergrund rückte.

1. Der dominierende Protestantismus verbreitete die Vorstellung, daß der Mensch sein Heil eher durch »gute Werke« als durch religiöse Rituale erlangt. Zur Vollendung der guten Werke waren Geldspenden sehr nützlich. Einzelne Personen, die über ein entsprechendes Vermögen verfügen, nutzten es auf diese Weise, um sich damit ein Leben im Jenseits zu sichern und vor allem um der Jagd nach Profit einen höheren Sinn zu geben.
2. Die Vereinigten Staaten waren als eine junge Nation im Grunde genommen eine lose Ansammlung verstreuter und verschiedener Gemeinschaften, die mehr auf ethischen Banden als auf einer starken nationalen Regierung als einigendes Moment beruhte. Karitative Schenkungen halfen, die moralische Festigkeit der Individuen und indirekt der Nation zu stärken. Philanthropie wirkte als Ansporn für die soziale Entwicklung des Spenders und als Reinigung für den Charakter des Empfängers. Finanzielle Unterstützung zu moralischen Zwecken ließ arm und reich harmonisch leben und das Geld konnte zu einer Kraft gesellschaftlicher Kohäsion werden.
3. Die karitativen Organisationen folgten dem traditionellen Bemühen, soziale Verhältnisse durch freiwillige Assoziationen zu bessern, und das um so mehr, weil man darin zum

---

[10] Für einen historischen Überblick siehe Bremner (1960).

Unterschied von Pressure- und Interessengruppen eine Art »Moral« erblickte. Die großen Mahnrufe der Fundamentalisten im 19. Jahrhundert popularisierten weitgehend diese Vorstellung.
4. In einer Laissez-faire-Kultur, wo die Regierung als eine eigene Einrichtung zur Schlichtung gesellschaftlicher Auseinandersetzungen und nicht als ein Verteiler von Wohlfahrt galt, erlangten die karitativen Organisationen beinahe durch höheren Befehl wohlfahrtsspendende Funktionen.
5. Von gleicher Bedeutung ist die Tatsache, daß Geschäftsleute neben einem ungeheuren Vermögen auch politische Führungspositionen erlangten. Und solange die Amerikaner im Busineß den Quell alles Guten erblickten, sollten die Geschäftsleute in den Augen der Bevölkerung die Gemeinschaft von den Wohlfahrtsverpflichtungen entlasten. Die Bundesregierung förderte diesen Trend, indem sie für karitative Beiträge Steuerermäßigungen gewährte. Nachdem das Steuersystem selbst ein Produkt dieses Jahrhunderts ist, erhielt die besondere Beziehung von Stiftungen und Regierung einen grundlegend ökonomischen Impetus.

Die Formierung großer Stiftungen fiel in die Zeit, wo Korruptionen aufgedeckt wurden, Trusts vor dem Ruin standen, der Populismus des linken Flügels und wachsende Militanz auf der Seite der Arbeiterschaft herrschten. Diese Entwicklung förderte das Mißtrauen gegen das Busineß und in Verbindung damit auch gegen die vom Busineß gegründeten karitativen Institutionen und Stiftungen. Die Rede vom »verpesteten« philanthropischen Geld wurde weitverbreitet. Zwischen 1914 und 1915 dehnte eine *Industrial Relations Commission*, die von mehreren Senatoren der Vereinigten Staaten zur Untersuchung der Ursachen gesellschaftlicher Unruhen ins Leben gerufen worden war, ihre Nachforschungen auf die Probleme der Stiftungen aus.[11] Daraufhin wurden die Stiftungen wegen ihres großen Vermögens und ihrer Sonderprivilegien zensuriert. Man sah in ihnen gefährliche Ausläufer der Macht des Busineß, weil sie nicht nur von Geschäftsleuten dotiert, sondern auch von Personen verwaltet wurden, die mit der Geschäftswelt in Verbindung standen.

[11] siehe den Bericht von Senator Manly, der dem Kongreß von der *Commission on Industrial Relations* vorgelegt worden ist (U.S.-Senat, 1916).

Je stärker das Busineß wurde, vermehrten sich auch trotz der Untersuchungen und Verdächtigungen die Stiftungen. Sie wurden meistens als Aktiengesellschaften und seltener als Trusts organisiert.[12] Die Errichtung eines karitativen Trusts ist ein ähnlicher Vorgang wie die Übertragung einer Vermögensmasse eines privaten Spenders auf einen korporativen Empfänger. Definiert man den Empfänger als »die Öffentlichkeit«, ist der Transfer von Privatvermögen auf die Gemeinschaft in großem Rahmen möglich. Der Trust dient als Einrichtung zur Verwaltung von Eigentum in der Form, daß einem Treuhänder die Vollmacht und die Pflichten des Managements übertragen werden. Dieser Treuhänder hat den Auftrag, das Eigentum zu verwalten und zum Wohle jenes Personenkreises zu verwenden, der vom Spender als Nutznießer vorgesehen ist. Im Fall von karitativen Trusts ist die »Öffentlichkeit« die nutznießende Partei. Der Trust als Form zur Verwaltung eines Vermögens oder Fonds nach einem festen Statut ist gut dazu geeignet und wurde deshalb auch auf die Stiftungen angewendet.

Das Privatunternehmen als Modell für öffentliche Stiftungen

Bei der Errichtung von Stiftungen wird häufiger die Aktiengesellschaft als Form gewählt, weil sie das moderne amerikanische Busineß – die Hauptquelle der Stiftungsfonds – beherrscht und die Gründer von Stiftungen damit vertraut sind. Die Aktiengesellschaft wurde in diesem Land in großem Umfang angewendet, weil in dieser Form große Kapitalsummen von Investoren eingehoben werden konnten, die in ihrer Eigenschaft als Eigentümer mit der Verantwortung des Managements und der Haftung für Schulden des Geschäftsunternehmens nichts zu tun haben. Das Recht, die Form der Aktiengesellschaft zu wählen, wird durch einen staatlichen Akt verliehen, obwohl die staatlichen Gesetze in bezug auf Gesellschaften, die nicht auf Profit ausgerichtet sind,

---

12 siehe Fremont-Smith (1965, bes. Kapitel 1 und 2) als Diskussionsgrundlage über die historischen Wurzeln von Gesetzen, die sich auf karitative Institutionen beziehen. Andere Kapitel dieses Buches vermitteln einen außerordentlich guten Einblick in die Basis der Stiftungen in Gestalt von Trusts oder Gesellschaften.

so variieren, daß man nur schwer die Vorschriften über die Bildung korporativer Stiftungen aufzählen kann.[13]
Die ausführenden Organe eines Stiftungstrusts oder einer Gesellschaft stehen in einem Treuhandverhältnis, das gesetzlich dort Anwendung findet, wo eine Einzelperson verpflichtet ist, zum Wohl einer anderen Partei gemäß jenen Abmachungen zu handeln, die bei Errichtung dieses Verhältnisses getroffen wurden. Diese Pflicht umfaßt drei Aspekte: Loyalität gegenüber den Interessen der nutznießenden Partei, Vermeidung übertriebener Delegation administrativer Pflichten und Rechenschaft der nutznießenden Partei gegenüber. Stiftungsverwalter sind rechtlichen Sanktionen unterworfen, wenn man nachweisen kann, daß sie das Treuhandschaftsverhältnis verletzt haben.
Das Interesse gilt in diesem Zusammenhang nicht den rechtlichen Grundlagen als solche für die Errichtung einer Stiftung. Hier soll vielmehr gezeigt werden, wie dadurch, daß man bei der Errichtung von Stiftungen als *unabhängige* Entitäten Formen aus dem Geschäftsleben bevorzugte, sie mit dem Profitstreben des Wirtschaftslebens assoziiert wurden. Dadurch entstand schon zu Beginn dieses Jahrhunderts in der Öffentlichkeit Unruhe und Verwirrung über die Stiftungen, und es zeigen sich schon die ersten Ansätze zur Überprüfung der ethischen Integrität und der finanziellen Gebarung durch den Kongreß.[14] Es wurde kritisiert, daß der profitunabhängige Sektor dazu da ist, den Profit-Interessen der Geschäftsleute und nicht dem Allgemeinwohl zu dienen, wenn die Stiftungen für das »öffentliche Wohl« fungieren, während die Geschäftsleute durch ihre Beiträge zu den Stiftungen hohe Steuern umgehen. Aufgrund ihres besonderen profitunabhängigen Status verloren daher die Stiftungen wegen all ihrer Privilegien die moralische Bedeutung, die den früheren karitativen Einrichtungen beigelegt wurde, und büßten infolgedessen bis zu einem gewissen Grad in den Augen der Öffentlichkeit an Legitimität ein. Dieses Problem der »wirk-

---

13 siehe Fremont-Smith (1965, S. 479–490) als Zusammenfassung.
14 Die Nachforschungen des Kongresses richteten sich nicht gegen alle philanthropischen Stiftungen. Es gibt eine Reihe von Typen; als gute Beschreibung siehe Harrison und Andrews (1946). Diese Autoren ziehen vier Hauptformen heran: (1) den »bloß namentlichen« Typ ohne Eigenkapital, der keine Gelder, sondern nur Anregungen austeilt; (2) der »Randtyp«, der durch Beiträge oder Stiftungszuwendungen unterstützt wird und dem Zweck nach äußerst beschränkt ist; (3) den »Gemeinschafts-Trusttyp«, der

lichen« Ziele der Stiftungen wurde noch komplizierter dadurch, daß die starke Regierung – besonders in der Periode des New Deal – tief in ihr traditionelles Betätigungsfeld eindrang, indem sie Wohlfahrtsfunktionen an sich zog und eine Vielzahl von sowohl privaten Projekten als auch die Forschung in den Natur- und Sozialwissenschaften förderte. Obwohl diese Entwicklung die Tätigkeit der Stiftungen nicht einschränkte, zwang sie die Stiftungen zu dem Versuch, ihre Existenz zu rechtfertigen; dieses Verhalten setzte sie aber nur noch stärker dem Verdacht des Kongresses aus.

Die Nachforschungen des Kongresses über das Gebaren der Stiftungen erreichten in der Zeit nach dem Zweiten Weltkrieg ihren Höhepunkt, was zum Teil in der Tatsache begründet liegt, daß sich in der Zeit zwischen 1940 und 1960 die Stiftungen in der amerikanischen Geschichte zahlenmäßig unheimlich vermehrten. Die Daten in Tabelle 4.1 entstammten einer Studie des Finanzministeriums, die 1964 durchgeführt und 1965 veröffentlicht wurde; sie veranschaulicht diese Veränderungen. Die nach 1950 errichteten Stiftungen sind kleiner als die Stiftungen, die vor diesem Datum gegründet wurden, aber die Studie verweist darauf, daß dieses Phänomen einfach der Tatsache zuzuschreiben ist, daß die Stiftungen jüngeren Datums auf die Befragung des Finanzministeriums reagierten und daher eine Generalisierung der Angaben aus Tabelle 4.1 nur ein Versuch sind. Wir besitzen jedoch keine Daten aus einer anderen Quelle, um diese Ergebnisse stützen oder entkräften zu können.[15]

mehrere kleine Spender in die Lage versetzt, ihre Mittel zu kanalisieren, und (4) die große allgemeine philanthropische Stiftung, jenen Typ also, der in diesem Kapitel zur Diskussion gestellt wird und zumeist Gegenstand der Untersuchungen des Kongresses ist. Innerhalb des vierten Typs treffen Harrison und Andrews die Unterscheidung zwischen »operierenden« und »nicht-operierenden« Stiftungen, unter die erste Gruppe fallen Stiftungen mit eigenen Forschungsteams und unter die zweite Gruppe Stiftungen, die außenstehenden Forschern Mittel zur Verfügung stellen. Eine Reihe »allgemein« philanthropischer Stiftungen sind eine Mischung zwischen der »operierenden« und »nicht-operierenden« Form.

15 siehe F. Andrews in Russell Sage Foundation (1964, S. 15–16). Andrews zeigt in Übereinstimmung mit der Beobachtung des Finanzministeriums, daß weniger als 0,5 Prozent der in der zweiten Auflage des Foundation Directory genannten Stiftungen vor 1900 sich organisierten. Während der ersten Dekade des zwanzigsten Jahrhunderts betrug die Wachstumsrate weniger als zwei im Jahr (obwohl zwei von ihnen, die in dieser Dekade errichtet wurden, nun über ein Vermögen von mehr als 25 Millionen Dollar

Tabelle 4.1: Die Zeit der Errichtung von 5 050 Stiftungen, nach Dekaden nach 1900 und den höchsten Vermögensklassen geordnet[a]

Periode	Anzahl	Prozent-satz	Vermögensklasse					
			$ 10 Millionen oder mehr		$ 1 Millionen bis $ 10 Millionen		weniger als $ 1 Million	
			Anzahl	%	Anzahl	%	Anzahl	%
Vor 1900	18	—[b]	1	1	9	1	8	—[b]
1900–1909	18	—[b]	8	5	5	1	5	—[b]
1910–19	76	2	14	8	36	4	26	1
1920–29	173	3	27	15	65	8	81	2
1930–39	288	6	45	26	100	12	143	3
1940–49	1.638	32	54	31	299	38	1.285	32
1950–59[c]	2.839	56	26	15	286	36	2.527	62
Summe	5.050	100	175	100	800	100	4.075	100

Quelle: *Treasury Department Report on Private Foundations* (Washington, D.C.: Government Printing Office, 1965).

[a] Die 5 050 Stiftungen, die vom Finanzministerium in einer Tabelle angeführt wurden, sind Stiftungen mit mindestens $ 100 000 Vermögen im Jahr 1962 und waren im *Foundation Directory* enthalten und lieferten daher für das Foundation Library Center Informationen über den Tag der Gründung.
[b] Weniger als 0,5 Prozent.
[c] Der Überblick ist unvollständig, auch der fragmentarische Überblick von 1960 (45 Stiftungen) ist hier nicht enthalten.

Der Finanzbericht deutet auch darauf hin, daß – verglichen mit der übrigen Wirtschaftslage – in den dreißiger und vierziger Jahren das schnelle Anwachsen der Stiftungen teilweise mit der »Einführung der höheren Progressivität von Vermögens- und Einkommenssteuer« während der dreißiger Jahre in Verbindung gesetzt werden kann – und das trotz der Herabminderung für karitative Zuwendungen, die für jede Steuer gültig ist. Darüber hinaus hat sich seit 1950 der Gesamtreichtum der Stiftungen schneller als die übrige Wirtschaft vermehrt. Man führt das auf die Tatsache zurück, daß das Kapitalvermögen und die Aktiva der Stiftungen schneller als andere Vermögensmassen gestiegen sind; die Höhe der Anteile der Stiftungen blieb ziemlich stabil. Tabelle 4.2 wurde von einer Untersuchung des Finanzministeriums übernommen und stellt einen Vergleich dar, der Ende 1961 zwischen dem Buchwert von Stiftungsvermögen, ihrem Marktwert und ihrem Nettowert gezogen wurde. Tabelle 4.3 geht aus denselben Studien hervor und gibt das Gesamteinkommen der Stiftungen wieder.

Gewöhnlich assoziieren wir einen weit entwickelten Industrialismus mit wachsenden Ausgaben der Regierung. Diese Assoziation ist gültig. Die Weltwirtschaftsdepression von 1929, die Verwüstungen des Zweiten Weltkrieges und die Forderungen all jener, die an den besseren Lebensbedingungen und der wirtschaftlichen Unterstützung nicht teil hatten, bildeten neben anderen Ereignissen und Faktoren den Anlaß, daß der öffentliche Sektor die Steuern erhöhte, um diese Bürden und Lasten zu übernehmen. Als Folge davon nahmen der Reichtum, die Mitglieder und die Macht der Regierung zu. Darüber hinaus halten fortgeschrittene Industriegesellschaften ihren hohen ökonomischen Stand aufrecht, indem sie in Forschung und Entwicklung (F & E) noch aktiver werden.

verfügen). Für die Dekade von 1910–1919 stieg die Rate auf mehr als 7 pro Jahr, insgesamt davon drei Riesenunternehmen. Die *Rockefeller Fonds*, die *Carnegie Corporation* in New York und der *Commonwealth Fonds*. In jenen Jahrzehnten wurde der Gemeinschafts-Trust-Typ bedeutend. In den zwanziger Jahren verdoppelte sich die Wachstumsrate auf 17 in einem Jahr, wobei 12 von den in dieser Dekade errichteten Stiftungen in die Klasse der großen Vermögen fallen. Obwohl die Depression die Wachstumsrate senkte, wuchs sie dennoch auf beinahe 30 im Jahr an. In den vierziger Jahren wurden mehr als sechsmal soviel Stiftungen errichtet als in den dreißiger Jahren, und in den fünfziger Jahren erreichte die Wachstumsquote eine noch nie dagewesene Höhe.

Tabelle 4.2: Aktiva, Passiva und Marktwert zu Beginn des Steuerjahres 1962 und der Einfluß von Geberseite auf die Investment-Politik

	Aktiva, Passiva und Marktwert für Stiftungen verschiedener Größe [a] (in Millionen Dollar)					Einfluß von Geberseite auf die Investmentpolitik (in Prozenten)				
	Summe (N=14.865)	sehr groß (N=175)	groß (N=800)	mittel (N=4.910)	klein (N=8.980)	50 % oder mehr (N=11.000)	über 33 % nicht über 50 % (N=810)	über 20 % nicht über 33 % (N=100)	nicht über 20 % (N=2.430)	unklassifiziert (N=525)
	Aktiva: Hauptbuchwert zum Jahresende									
Kassenstand	$ 443	$ 110	$ 124	$ 166	$ 43	268	31	21	109	14
Rechnungsforderungen	50	12	9	25	4	32	1	–[b]	14	4
Wechselforderungen	189	118	30	35	6	117	32	32	21	–[b]
Hypothekardarlehen	149	63	61	19	6	60	13	–[b]	77	1
Stammkapital	6.529	4.409	1.237	783	100	2.620	488	249	3.072	103
Andere Aktiva	5.119	3.174	1.095	744	106	1.728	351	266	2.737	35
Gesamtaktiva	11.648	7.583	2.332	1.527	206	4.348	839	515	5.809	138
	Passiva									
Zahlungsforderungen	$ 17	$ 8	$ 6	$ 3	$ –[b]	8	1	1	7	1
zahlbare Subventionen	524	488	31	5	–[b]	75	10	20	419	–[b]
zahlbare Obligationen usw.	137	73	32	27	5	101	4	11	22	–[b]
andere Passiva	114	53	42	15	4	44	3	2	64	1
Nettowert	10.856	6.961	2.221	1.477	197	4.120	821	481	5.297	136
	Marktwert zum Jahresende									
Gesellschaftsvermögen	$10.896	$ 8.050	$ 1.783	$ 955	$ 108	3.880	860	668	5.331	159
Gesamtvermögen	16.262	11.331	2.940	1.773	218	5.666	1.270	945	8.180	201
Nettowert	15.470	10.709	2.829	1.723	209	5.438	1.252	911	7.668	199

Quelle: Bericht des Finanzministeriums über private Stiftungen, 1964

[a] Stiftungen werden in folgende Kategorien unterteilt: sehr groß, mehr als 10 Millionen Dollar; groß, 1 Million bis 10 Millionen Dollar; mittel, 100 000 bis 1 Million Dollar; klein, weniger als 100 000 Dollar

[b] Weniger als 0,5 Prozent, beinahe ausschließlich als Obligationen

Tabelle 4.3: Gesamteinkommen der Stiftungen und der Einfluß von Geberseite auf die Investmentpolitik

	Einnahmen und Zuwendungen für Stiftungen verschiedener Größe[a] (in Millionen Dollar)					Einfluß von Geberseite auf die Investmentpolitik (in Prozenten)				
	Summe (N=14.865)	sehr groß (N=175)	groß (N=800)	mittel (N=4.910)	klein (N=8.980)	50 % oder mehr (N=11.000)	über 33 % nicht über 50 % (N=810)	über 20 % nicht über 33 % (N=100)	nicht über 20 % (N=2.430)	unklassifiziert[b] (N=525)
				Eingänge						
Bruttoertrag aus Geschäftstätigkeiten[c]	$ 8	$ 3	$ 3	$ 1	$ 1.7	1	1	1	6	o.A.[d]
Zinsen	159	104	35	18	2.1	47	12	8	91	1
Dividende	374	268	67	36	3.1	125	28	18	197	6
Mieten	43	21	16	5	0.7	18	1	9	14	o.A.
weitere Einkommen	57	39	5	12	1.2	30	5	3	20	1
Geschäftsspesen	62	35	13	11	2.6	28	5	8	20	1
gewöhnliches Nettoeinkommen	580	400	113	61	6.2	194	42	31	307	6
Gewinne aus dem Verkauf von Vermögen, Inventar ausgenommen	$ 484	$ 434	$ 33	$ 15	$ 1.0	45	14	3	419	2
Summe des gewöhnlichen Nettoeinkommens plus Gewinne	1.065	834	146	76	7.2	239	56	34	726	10
Erhaltene Beiträge	833	290	251	235	57.4	536	30	18	238	13
Gesamteinnahmen	1.898	1.124	397	311	64.6	775	86	52	964	23

	Zuwendungen aus dem Einkommen						
Netto	$ 693	$ 478	$ 139	$ 68	$ 8.1	233	40	30	381	8
Verteilungskosten	64	36	16	11	0.8	20	4	2	38	1
Brutto	757	514	155	79	8.9	253	44	32	419	9
	Zuwendungen vom Kapitalbetrag						
Netto	$ 239	$ 32	$ 68	$ 111	$ 28.1	174	11	6	41	8
Verteilungskosten	16	1	5	7	2.5	4	2	3	5	5
Brutto	255	33	73	118	30.6	178	12	8	46	13
Summe der Zuwendungen	1.012	547	228	197	29.5	431	56	40	464	21

Quelle: Bericht des Finanzministeriums über private Stiftungen, 1964

[a] Die Stiftungen werden in folgende Kategorien unterteilt: sehr groß, mehr als 10 Millionen Dollar; groß, 1 Million bis 10 Millionen Dollar; mittel, 100 000 bis 1 Million Dollar; klein, weniger als 100 000 Dollar

[b] Weniger als 500 000 Dollar

[c] Bruttoverkaufsummen oder -einnahmen aus verwandten und nichtverwandten Geschäftstätigkeiten minus der Kosten für die verkauften Güter oder für die Operationen

[d] o.A. = ohne Angabe

Eine der bedeutendsten Antriebskräfte für F-&-E-Aktivitäten war in den Vereinigten Staaten das Verteidigungsministerium. Der Grund für diese Entwicklung war offensichtlich der Rüstungswettlauf der Vereinigten Staaten mit der Sowjetunion und die Idee, daß ein gefährliches und kostspieliges Waffenarsenal für die Sicherheit essentiell ist. Das Interesse an F & E in Verbindung mit Verteidigung und Sicherheit vermehrte die Operationen und die Macht des Regierungssektors, wodurch sich wiederum dramatisch die Rolle, wenn nicht die Struktur, der amerikanischen Stiftungen änderte.[16]

Stiftungsliberalismus

Trotz der üblichen Assoziation zwischen einem genau abgegrenzten öffentlichen Sektor und einer fortschrittlichen Industriewirtschaft, hatte der nicht auf Profit ausgerichtete Sektor in den Vereinigten Staaten seine Tätigkeiten entsprechend dem wirtschaftlichen und industriellen Fortschritt verstärkt. Diese Tatsache sticht angesichts der allgemeinen Überzeugung ins Auge, daß stärkere Subventionen der Regierung für Forschung und soziale Wohlfahrtsprogramme die Zahl jener sozietären Bereiche einschränkt, wo Stiftungen tätig werden können, was jedoch nicht der Fall war (obwohl allein die Möglichkeit die Stiftungen stark belastete). Dafür gibt es mehrere Gründe. Erstens brachte die zunehmende Komplexität der höheren Bildung und der Industrie eine große Zahl ausgebildeter Forscher und eine große Nachfrage nach ihren Kenntnissen hervor. Es gehen mehr talentierte Leute in die Forschung. Das Bedürfnis nach vielen privaten und öffentlichen Stellen zur Subventionierung ist groß. Zweitens übersteigt das Bedürfnis nach Wohlfahrts- und Gemeinschaftsdienstleistungen die Unterstützung, die die Regierung gewährte – besonders aufgrund der hohen Militärausgaben.

[16] Die Bedeutung der auf Verteidigung und nicht auf Wohlfahrt bezogenen F & E für die Operationen auf dem Regierungssektor wird durch die Tatsache illustriert, daß die Forschung auf dem Gebiet der Gesundheit, Erziehung und Wohlfahrt verglichen mit der auf Verteidigung bezogenen F & E nur einen kleinen Anteil an den Fonds erhält; die Summe der auf Verteidigung bezogenen F & E geht in die Milliarden, sie stieg sprunghaft von 1183 Milliarden Dollar 1954 auf 7551 Milliarden Dollar 1968 (siehe die Ausgaben des *Congressional Quarterly Alamanac* für die Jahre 1954 bis 1968).

Die Stiftungen konnten sich daher in diesem Bereich ausbreiten. Drittens legten die Bemühungen um eine Förderung der internationalen Kontakte und Kooperation nach dem Zweiten Weltkrieg die Bedürfnisse frei und eröffneten neue Möglichkeiten für Reise und Forschung in fremde Länder, für die Aufforderung zu Reisen nach und Studien in den Vereinigten Staaten durch Ausländer und zur Ausweitung des »Caritas«-Begriffes auf »gute Werke« im Sinne der internationalen Kooperation, weshalb die Stiftungen auch auf diesem Gebiet expandierten.
Angesichts dieser raschen Ausdehnung des profitfreien Sektors können wir eigenlich zu der Schlußfolgerung gelangen, daß eine der Wirkungen der großen Stiftungen auf die öffentliche Politik darin bestand, daß sie wesentlich mehr Quellen zur Unterstützung freilegten. Der Forschungssektor, der sich mit anderen Fragen als der Förderung besonderer Industriezweige oder der Ergänzung von Verteidigungsinteressen auseinandersetzt, hat erheblich zugenommen. Die Tatsache, daß für internationale Studien, Dienstleistungen der Gemeinde und zivile Zwecke große Summen zur Verfügung gestellt werden, erhärtet die Möglichkeit, daß die Regierung politische Hindernisse umgeht, die sich einem Engagement in solchen Fragen entgegenstellen könnten. Der wachsende Aktionsradius auf diesem Gebiet erhöht mit der Zeit ihren Wert und macht sie für ein weiteres Publikum annehmbar. Diese Wirkung ist komplex und muß näher erklärt werden, weil sie eine der Hauptgründe für die Kritik, die an den Stiftungen geübt wird, als auch eine Quelle ihrer Stärke ist.
Der liberalisierende Effekt auf die öffentliche Politik ist Ergebnis zweier Faktoren: (1) der liberalen Einstellung der größeren Stiftungen und der Förderung liberaler Programme durch diese Stiftungen und (2) des Vetrauens der Regierung (besonders von den Exekutivbehörden aus) für die Experimente der liberalen Stiftungen. Die Regierung kann daher eine liberale Politik vertreten, wobei sie nur wenig Schwierigkeiten zu überwinden hat, weil diese politischen Maßnahmen unter der Bürgschaft der Stiftungen bereits anerkannt worden sind. Der Sprecher einer Stiftung kleidete diese Frage einmal, als der Wert der Kooperation zwischen Regierung und Stiftungen von Skeptikern angezweifelt worden war, in folgende Form: »Stiftungen können für die Gesellschaft dadurch wertvoll sein, daß sie sich zu riskanten und ziemlich experimentellen Projekten auf solchen Gebieten

bereitfinden, wo früher oder später die Regierung einmal ihren Einfluß geltend machen wird« (Magat, 1969).

Selbst wenn in diesem Zusammenhang auf die liberale Anschauung größerer Stiftungen Bezug genommen wird, so werden dadurch noch nicht die vielfältigen Erscheinungsformen des Liberalismus geleugnet, die er durch historische Mutationen angenommen und wodurch er sich auch kompliziert hat. An dieser Stelle soll nur darauf hingewiesen werden, daß die Stiftungen hauptsächlich mit einer liberalen Anhängerschaft in Zusammenhang gebracht werden – mit den Meinungen akademischer Intellektueller, die die Opposition solcher politischen Gruppen geweckt haben, die auffallend zum rechten oder linken Flügel tendieren. Die Stiftungen favorisieren beispielsweise das Engagement der Vereinigten Staaten im Ausland mit der Begründung, daß alle Teile der Welt untereinander abhängig sind und reiche Nationen wie die Vereinigten Staaten für die übrige Welt Verantwortung tragen und der Kontakt zwischen den Vereinigten Staaten und anderen Ländern die Gelegenheit zu einem wohlwollenden Austausch bietet. Die Stiftungen verachten den nationalistischen Isolationismus der Rechten genau so wie das Mißtrauen gegen die amerikanischen Motive und das amerikanische Verhalten im Ausland. Darüber hinaus fördern sie in großem Umfang die sozialwissenschaftliche Forschung als eine der Möglichkeiten, gesellschaftliche Probleme in den Griff zu bekommen. Eine solche Forschung ruft bei ihnen nicht das Echo des „Sozialismus« hervor wie bei der Rechten und bedeutet nicht die Gefahr einer »Dehumanisierung« mittels Statistik und Computer, wogegen sich die Angst der Linken richtet.

Die größeren Stiftungen favorisieren Projekte der Gemeindeforschung, die mit wachsender Partizipation der Bürger experimentieren und verachten es, wenn eine Politik der Partizipation durch eine Politik des Moralisierens ersetzt wird, das heißt, sie errichten Fonds, um die Teilnahme zu erhöhen; sie fördern weder die traditionelle Ansicht, daß alle Bürger im Wettbewerbsprozeß getestet werden sollten, noch fordern sie die Partizipation der Bürger mittels Konfrontation heraus – eine Vorgangsweise, wie sie gegenwärtig von der Linken propagiert wird. Die Stiftungen beschränken sich in der Öffentlichkeit auf die Forderung nach Rassengleichheit, im allgemeinen auf verstärkten Einsatz zur Realisierung demokratischer Ziele. Sie ha-

ben dem gesellschaftlichen Kritizismus gegenüber eine offene Haltung eingenommen, besonders angesichts seiner gegenwärtigen Virulenz. Sie verteidigen jedoch ihre Verflechtung mit der Geschäftswelt und ihre finanziellen Quellen und wehren eine Kritik an der »großen Organisation« ab. Große Unternehmen bedeuten auch mehr Geld. Eine starke Regierung ist unter Umständen mit dem Problem gleichgestellt, daß solche Bereiche gesucht werden müssen, wo die Stiftung ihre eigene Aktivität entfalten kann. Die Stiftungen beurteilen ihre eigene Stärke primär als eine Folge des Überflusses und Wohlstandes und der steigenden Forderungen nach einer verantwortungsbewußten Forschung; sie sehen darin nur einen Vorteil, weil sie dadurch zur Erforschung von Problemen mehr Mittel in die Hand bekommen können. Darüber hinaus betrachten die Exekutivorgane der Stiftungen ihre Kontakte mit Regierungs- und Geschäftsvertretern nur als die selbstverständliche Folge gemeinsamer Interessen und Erfahrungen, und nicht als ein Zeichen für elitäre Strukturen, die ineinander verflochten sind – ein Bild, wie es der allgemeinen Anschauung der Linken entspricht.
Der Stiftungsliberalismus ist eher eine Anschauung, die von ihren Verbindungen oder Tätigkeiten her geprägt ist. Er ist eine Funktion der schwierigen gesellschaftlichen und politischen Einordnung der Stiftung zwischen Regierung und Geschäft. Er nährt die Vorstellung, ihr Status als dritter Sektor leiste einen Beitrag zum Pluralismus (U.S.-House, 1969, S. 81–82, 84–85). Er liefert ihnen auch das »Vokabular«, damit sie in ihr Programm Änderungen aufnehmen können; sie bedürfen ja der Innovation, um ohne Feindseligkeit den Eingriffen von Regierungsseite begegnen zu können, indem sie in der Sprache der Kooperation sprechen, weil sie schwerlich die Regierung zu einem Widerruf der Steuerprivilegien veranlassen wollen. Kurz, der Stiftungsliberalismus ist gegenwärtig eine Frage des Überlebens. Auf diese Weise wollen die großen Stiftungen ihren schwierigen Kurs steuern, um in der Öffentlichkeit Anerkennung zu finden. Vor einigen Jahren wies ein Abgeordneter im Kongreß genau auf diese liberale Tendenz hin und daß sie notwendig ist, indem er die Meinung vertrat, daß die Stiftungen dazu gezwungen waren, »in diese kontroversen Gebiete einzudringen, wo viele Leute einwenden, daß sie zu weit links liegen« (U.S.-House, 1952, S. 52).

Die Ford Foundation nimmt in der Welt der Stiftungen eine einzigartige Stellung ein. Jede Verallgemeinerung über Stiftungen und den Liberalismus, die ausschließlich oder sogar primär auf Daten basiert, die sich auf die Ford Foundation beziehen, kann daher leicht ein unscharfes Gesamtbild ergeben. Ford illustriert jedoch auch auf einzigartige Weise eine Reihe der sowohl entscheidenden als auch der weniger wichtigen hier genannten Punkte (siehe Ford Foundation, 1969a).

1. Ford schaltete sich in das »Geschäft«, überseeische Entwicklungsländer zu unterstützen, gerade zu dem Zeitpunkt in der Geschichte ein, als die Vereinigten Staaten erkannten, daß sie sich mit der Ideologie der Dritten Welt als gültige Tatsache abfinden und nicht als eine subtile Form eines Pseudokommunismus betrachten müssen. Diese Erkenntnis folgte dem Zusammenbruch des McCarthysmus im eigenen Land Mitte der fünfziger Jahre; die Kristallisation nationalistischer Tendenzen in der Dritten Welt unterstrich nur die Notwendigkeit eines liberalen Weges. In den frühen fünfziger Jahren setzte die Regierungshilfe für Lateinamerika und Asien ein, in den späten fünfziger Jahren die Hilfe für Afrika. Bald folgten Studien der Stiftungen über die wohltuenden Auswirkungen einer solchen Hilfe.
2. Diese Unterstützung bestärkte unveränderlich die liberalen Tendenzen in der Dritten Welt wie auch bei innenpolitischen Programmen. Die Hilfe für Landwirtschaft, Erziehung, Wirtschaftsplanung und öffentliche Verwaltung folgte unverändert diesen Richtlinien, weshalb eine »neutrale« amerikanische Regierung unmöglich die Projekte finanziell unterstützen konnte; trotzdem hatten die Vereinigten Staaten Angst davor, diese Hilfe über private oder quasi-öffentliche Kanäle fließen zu lassen.
3. Der dramatische Umschwung zu einer Auslandshilfe, die Internationalisierung von Stiftungen spiegelt sich weiter in der Tatsache wider, daß die Entwicklung von 1958 – nämlich ein systematisches Programm für internationale Subventionen – nur zehn Jahre später 1968 eine Summe von 480 Millionen Dollar von den 3,37 Milliarden Dollar erreichte, die von der Ford Foundation aufgewendet wurden. Diese Subventionen erfaßten gleichermaßen solche Nationen, die in der Ost-West-

Konfrontation eine zentrale Schlüsselstellung innehaben – eine Konfrontation, die für sich zu gewinnen oder zu lösen die Vereinigten Staaten nur dann hoffen konnten, wenn sie so liberal wie möglich vorgingen.

Staatliche Politik und der Liberalismus der Stiftungen

Unter dem Eindruck sozialer Unruhen in den Vereinigten Staaten in den letzten Jahren legten die Stiftungen einen strengeren Liberalismus an den Tag als vor einem Jahrzehnt, als Senator Joseph McCarthy den meisten Einfluß erreicht hatte. Der *Council on Foundations* (1968, S. 5) stellt beispielsweise fest:

In einem Jahr, das in wichtigen Bereichen unserer Gesellschaft durch divergierende Meinungen und Gewalt gekennzeichnet ist, brachte die philanthropische Szene einige konstruktive Entwicklungen hervor, wovon drei spezifischen Zwecken dienen: Kooperation unter den Stiftungen zur besseren Ausnutzung des finanziellen und persönlichen Potentials, erhöhte Aufmerksamkeit bei Investmentbudgets, die Beachtung programmbezogener Investments als Ergänzung zu den Zuwendungen inbegriffen, *und Erkenntnis der Notwendigkeit, die Bürger in den Entscheidungsprozeß, der ihre Gemeinschaft betrifft, einzuschalten.*

Weiter (Council on Foundations, 1968, S. 7):

Die Forderung nach wirksamerer Teilnahme der Gemeinde an vielen Bereichen des Entscheidungsprozesses wurde in den Programmen der Stiftungen ein immer wichtigerer Faktor ... Städteplanung, Erneuerung der Städte, Wirtschaftsentwicklung und öffentliches Schulwesen. Auf dem letztgenannten Gebiet wurde die Hilfe der Ford Foundation, die sie den experimentellen Dezentralisierungsprojekten des New York City Board of Education zukommen ließ, scharf von Albert Shanker, dem Präsidenten der United Federation of Teachers, kritisiert, und von Mc George Bundy, dem Präsidenten der Stiftung, aufs härteste verteidigt; in knappen Worten umriß er den Fall: »Eine Foundation sollte vor wichtigen Fragen nicht zurückschrecken, selbst wenn sie Kontroversen aufdeckt, und wir haben nicht die Absicht, von dieser einen Frage Abstand zu nehmen.«

Weiter (1968, S. 7):

Die Foundation nimmt immer häufiger das Risiko auf sich, Geld und Erfahrung zur Verfügung zu stellen, wenn sie von

Gemeindeorganisationen des Schwarzen Gettos angefordert werden. Die Foundation diszipliniert sich selbst, wartet ab und läßt die Schwarzen Führer die finanziellen Mittel so nutzen, wie sie es für richtig halten. Wir sehen zu den Bedingungen der Schwarzen in der urbanen Krise keine andere Alternative.

Die Ford Foundation (1968, S. 3) zeigte eine ähnliche Tendenz:

Die Stiftung löste sich in diesem Jahr entscheidend von der Politik der Vergangenheit, als sie einen Teil ihres Investmentbudgets direkt für gesellschaftliche Zwecke auszugeben begann. In der Vergangenheit hat die Stiftung hauptsächlich durch direkte Subventionierung von profitunabhängigen Institutionen gearbeitet. Sie wird nun auch einen Teil ihres Forschungsbudgets mit Hilfe solcher Einrichtungen wie Garantien zivilen oder Forschungsorganisationen widmen, wobei sie zum Teil auf Gewinn und, wenn notwendig, nicht auf Gewinn abzielt.

Am 8. Mai 1969 kündigte die Ford Foundation (1969d) an, daß sie 2,45 Millionen Dollar fünf Universitäten zukommen läßt, die der Forschung, Ausbildung und Lehre über urbane Probleme dienen sollen. Als Reaktion auf die »Studentenrevolution« unterstützte die Stiftung durch Fonds solche Forschungsvorhaben, die das Elend in den Gettos Neuenglands und im Süden der Appalachen, die Steuerreform auf staatlicher und regionaler Ebene und Universitäten und lokale Regierungen untersuchten und von Studenten geleitet wurden (Ford Foundation, 1969e). Viele andere Programme mit streng liberaler Ausrichtung wurden weitergeführt oder initiiert (Ford Foundation, 1968, S. 3).
Die Danforth Foundation war lange Zeit an Bildungsproblemen interessiert, legte aber in jüngster Zeit ein auffallendes Interesse an Problemen der Stadt an den Tag.[17] Sie verteidigt diesen Wandel im Problemkreis mit Argumenten, die stark an eine liberale Orientierung erinnern (Danforth Foundation, 1969, S. 12–13).

Die Stiftungen nehmen eigentlich am Wettstreit um die Popularität nicht teil. Zur Zeit ihres größten Einflusses auf das amerikanische Leben nehmen sie zu Fragen von öffentlichem Interesse Stellung. Sie spielen die Rolle von Aktoren, nicht bloß von

---

[17] vergleiche die Unterschiede in den Jahresberichten der *Danforth Foundation* für 1964–1965 und 1967–1968.

Reaktoren... Man kann das Risiko einer Kontroverse kaum umgehen, will man sich Sonderprivilegien jeder Form widersetzen. Kern des Aufruhrs in den Städten sind aber die Sonderprivilegien, nicht nur niedrige Löhne, schlechte Installationen und fehlende Grünflächen. Damit wird überhaupt der gleiche Status, die Bedeutung der Mitsprache bei Entscheidungen der Bürger und die vollkommene menschliche Würde geleugnet. Wir sind der Überzeugung, daß alle Bürger die Freiheit besitzen müssen, am Gemeinschaftsleben und am Entscheidungsprozeß vollkommen partizipieren zu können. Privilegien gibt man nur schwer auf, Autorität noch schwerer. Dieser Schritt muß jedoch gemacht werden, sollten unsere Städte überleben und gedeihen.

Diese neue Einschätzung der Stiftung als ein liberales gesellschaftliches Gewissen finden wir auch bei Dana S. Creel (1969), dem Präsidenten der Rockefeller Brothers Fund, der sogar für ein direktes Engagement von Stiftungen eintritt.

Wagten die Stiftungen kleinere Seitensprünge in den Gesetzgebungsprozeß, so gossen sie damit beträchtlich Öl in das Feuer des Kongresses. Als Beispiel dafür sind die Subventionen der Stiftungen für Projekte zur Wählerregistrierung bezeichnend... Diese Tätigkeit rührt an einen politisch empfindlichen Nerv und trifft die gewählten Beamten als Gesetzesmacher. Die Projekte zur Wählerregistrierung wollen die Bürgerrechte erweitern – ein Ziel, das in einer Demokratie allgemein Anerkennung findet. Man sah in ihnen eine Störung der traditionellen Wahlsysteme, weshalb sie als Betätigungsfeld für Stiftungen illegitim waren; als politische Aktivität sollten sie, wenn sie schon nicht vom jetzigen Gesetzgeber verboten wurden, durch eine strenge Gesetzgebung verboten werden. Man könnte natürlich auch nach den möglichen Reaktionen fragen, die gekommen wären, hätten die Projekte einer Wählerregistrierung die traditionellen Wahlsysteme nur unterstützt.

Die Stiftungen betrachten sich selbst als Triebkraft zur Entwicklung eines kooperativen, wenn auch individualistischen liberalen Modells für die Zusammenarbeit der Völker. Sie projektieren mehr eine Vereinigung von Partnern und nicht einen Machtkonflikt zwischen Rivalen oder ein Verhältnis vom reichen und wohlwollenden Patron zu seinen Untergebenen: »Das Bild, das man sich heute von der Stiftung und ihrer Unterstützung macht, entspricht nicht dem eines wohlwollenden Patrons. In ideeller Hinsicht ist es das Bild eines Partners, der über Mittel und Kompetenzen verfügt, aber auch eines Partners, der an die anderen Anforderungen stellt, aber auch deren Leistung beachtet« (Sutton, 1968, S. 7–8).

Die Stiftungen begegnen weniger Schwierigkeiten als die Regierung, wenn sie für liberale Ideen eintreten wollen, weil die Regierung durch ihre Wählerschaft und durch Überlegungen, die die Macht betreffen, zu einer konservativen Haltung getrieben wird. Darüber hinaus müssen sich die Stiftungen auch nicht dem harten Test der nationalen Loyalität unterwerfen, womit die Empfänger von Bundesmitteln konfrontiert werden (Sutton, 1968).

Die Anschauung von der liberalen Haltung der Stiftungen hat ihren Grund in der Verteilung der Fonds. In der zivilen Wohlfahrt und in der internationalen Arbeit fanden karitative »gute« Werke bei den Stiftungen immer stärkere Unterstützung. Die Tabellen 4.4 und 4.5 beruhen auf Daten aus dem *Foundation Directory* und bringen in einer eigenen Spalte die sich mehrenden Subventionen für Wohlfahrt in den Jahren 1960 bis 1966. Die Gesamtsummen müssen jedoch mit einigem Vorbe-

Tabelle 4.4: Offiziell bekannte Zuwendungen für Wohlfahrtszwecke

	Zahl der Stiftungen	wichtige Subventionsgebiete	Höhe (in tausend Dollar)	Zuwendungen für soziale Fürsorge (in Prozenten)
Altersfürsorge	24	0	$ 1.273	6
Kinderfürsorge	37	2	3.073	14
Gemeindefonds	39	3	4.791	22
Delinquenz und Verbrechen	19	0	806	4
Familienhilfe	27	1	1.584	7
Behinderte	35	1	1.654	8
Wohnungsbeihilfe	9	0	163	1
Industriebeziehungen	5	0	108	
Interkulturelle Beziehungen	12	1	1.006	5
Rechtshilfe	14	0	328	2
Beihilfen	18	1	626	3
Sozialforschung	20	1	965	4
Jugendämter	16	3	5.345	24
Sonstiges	1	0	18	
Summe	67		$ 21.740	100

Quelle: *The Foundation Directory*, erste Ausgabe (New York: Russel Sage Foundation, 1960).

Tabelle 4.5: Offiziell bekannte Subventionen für Wohlfahrt 1962[a] und 1966

	Zahl der Stiftungen		Zahl der Zuwendungen		Höhe (in tausend Dollar)		Wohlfahrtssubventionen (in Prozenten)	
	1962	1966	1962	1966	1962	1966	1962	1966
Gemeindeplanung	23	44	34	62	$ 6.163	$ 10.800	31	13
Jugendämter	33	266	57	373	3.651	14.019	18	17
Altersfürsorge	15	57	20	65	2.513	2.454	13	3
Delinquenz und Verbrechen	6	13	10	14	1.734	351	9	1
Rekreation	24	55	29	63	1.495	1.827	8	2
Kinder	18	82	28	117	1.426	3.100	7	4
Fürsorgeämter zur Armenunterstützung	27	107	36	144	1.073	6.214	5	8
Gemeindefonds[b]	22	610	22	838	1.044	30.795	5	38
Behinderte	17	95	21	113	589	3.749	3	5
Interrassische Beziehungen	7	40	8	94	253	5.767	1	7
Transportwesen und Sicherheit	3	15	3	24	55	690	—[c]	1
Allgemein	o.A.[d]	15	o.A.	21	o.A.	746	o.A.	1
Summe	110	832	268	1.928	19.996	80.512	100	100

Quelle: *The Foundation Directory*, zweite und dritte Ausgabe (New York: Russell Sage Foundation, 1964 und 1967).

[a] Die jeweilige Gesamtsumme von 1962 ist mit Vorbehalt zu betrachten, da die von Familien und von Gesellschaften geförderten Stiftungen nicht adäquat repräsentiert sind.

[b] Diese Kategorie rückte sprunghaft auf den ersten Platz vor, weil mehr Familienstiftungen darunter fielen und diese oft eine einzige Zuwendung einer Organisation zukommen ließen, die mit der lokalen Gemeinde in engem Zusammenhang steht.

[c] Weniger als 0.5 Prozent.

[d] o.A. = ohne Angabe.

halt betrachtet werden, weil die durch eine Familie oder Gesellschaft geförderten Stiftungen in den Angaben für 1960 und 1962 unterrepräsentiert sind.

Die zwanzig Millionen Dollar Subventionen für verschiedene Arten allgemeiner Wohlfahrt für 1960 und 1962, respektive für 67 und 110 Stiftungen (Tabelle 4.4 und 4.5) repräsentieren wahrscheinlich nicht einmal die Hälfte der Gesamtsumme, weil im Bereich der Wohlfahrt gerade von kleinen Stiftungen Beiträge gespendet wurden, ohne daß dem *Directory* davon berichtet wurde.

Eine Zeitlang entschwanden die Fürsorge und das Gesundheitswesen aus dem Blickfeld der Stiftungssubventionen, weil die Sozialversicherung, die private Krankenversicherung, Pensionierungsprojekte und ein verstärktes Engagement der Regierung auf ähnlichen Sektoren einsetzten. 1962 erhielten jedoch Innovationen bei der Gemeindeplanung ein Drittel des gesamten Fürsorgefonds. Das legt die Vermutung nahe, daß die Stiftungen ihre allgemeine Wohlfahrtspolitik wieder aufgenommen haben und neue Wege beschritten. Darin könnte ein entscheidender Faktor für die wesentliche Steigerung der Fürsorgesubventionen für 1962 liegen, wovon die zweite Ausgabe des *Directory* und die Zahlen von 1966, die man der dritten Ausgabe (siehe Tabelle 4.5) entnehmen kann, berichten. Die Summe kletterte von ungefähr 20 Millionen Dollar auf die Höhe von 80,5 Millionen.

Zur selben Zeit stieg die Zahl der Subventionen von 269 auf 1928. Dazu trägt die wachsende Zahl von Stiftungen bei, die über ihre eigene Tätigkeit Bericht erstatten, von 110 im Jahre 1962 auf 832 im Jahre 1966. Damit läßt sich die Steigerung jedoch nicht vollständig erklären, weil eine größere Zahl von Stiftungen, die 1964 über ihre Tätigkeit berichteten und nicht in Tabelle 4.5 erfaßt sind, eine geringere Zuteilungsrate für Wohlfahrtsprojekte aufweisen. Die Zahlen für 1966 enthalten tatsächlich die Tendenz einer Steigerung im Fürsorgebereich. In der auffallenden Steigerung der Subventionen für »interrassische Beziehungen«, von etwa einer Viertelmillion im Jahre 1962 *(Directory,* zweite Ausgabe) auf 5,8 Millionen Dollar (23mal so viel) im Jahre 1966 (dritte Ausgabe), drückt sich nicht nur eine bessere Berichterstattung aus. Wie die dritte Ausgabe (Russell Sage Foundation, 1967, S. 50) feststellt, »verweist eine Untersuchung der Subventionen auf viele neue Programme von Stiftungen, die sich zuvor mit diesem Gebiet nicht befaßt haben«.

Die größten Stiftungen suchten auch auf dem Gebiet der internationalen Beziehungen nach liberalen Programmen. Ford sieht sich beispielsweise der »Partnerschafts«-Beziehung als einer Richtlinie für ihre Tätigkeit verpflichtet (Ford Foundation, 1968).

Die Internationale Abteilung ist die größte innerhalb der Foundation. Unser Engagement ist in diesem Bereich stark, von Dauer und großem Umfang. Wir versuchen, unsere relativ bescheidenen Mittel und unsere relativ breite Erfahrung dort einzusetzen, wo eine private amerikanische, nicht auf Gewinn ausgerichtete Organisation am besten für das soziale und ökonomische Wachstum von Gesellschaften in Lateinamerika, Afrika, im Mittleren Osten und Asien wirken kann. Die Methode bestand für uns überwiegend in der Entwicklung unserer Fähigkeit, auf die Bedürfnisse verantwortlicher Führer, so wie sie es sehen, flexibel zu reagieren: wir versuchen, keine unerwünschte Hilfe zu bringen.

Bundy nutzte jüngst die Gelegenheit, als er die internationalen Programme von Ford erklärte, um das mangelnde Verständnis des amerikanischen Kongresses für die Bedeutung der Auslandshilfe anzuprangern. Seiner Meinung nach wird die Regierung durch die Haltung des Kongresses lahmgelegt (Ford Foundation, 1968). An anderer Stelle (Ford Foundation, 1968b und 1969c) bezeichnet er die Haltung der Vereinigten Staaten zur Auslandshilfe als eine »nationale Schande«, wobei er impliziert, daß die internationalen Programme der Stiftungen zum Konservatismus des Kongresses ein liberales Korrektivum bilden. Darüber hinaus sollte das Interesse an rassischer Gleichheit nicht einmal im Bereich der internationalen Beziehungen ausgeschlossen werden. Am 30. April 1969 kündigte Ford größere Subventionen zur Erforschung der Rassenprobleme außerhalb der Vereinigten Staaten an: 350 000 Dollar für das *Institute of Race Relation* in London, das sich mit Rassenproblemen im internationalen Maßstab befaßt; 72 000 Dollar an die *Minority Rights Group* in London, 200 000 Dollar an das *South Africa Institute of Race Relations* in Johannesburg (Ford Foundation, 1969c).

Die Carnegie Foundation hatte sich so lange auf internationale Studien, den internationalen Frieden und der Förderung des internationalen Kontaktes zwischen Wissenschaftlern und Studenten spezialisiert, daß sie wenig daran interessiert ist, ihre Programme mit ideologischen Grundsätzen zu untermauern. Ein Vergleich der Jahresberichte der Carnegie Foundation aus den Jahren 1964, 1966 und 1968 zeigt beispielsweise nur eine geringe Verschiebung in den Interessen oder im politischen Vokabular. Überprüft man andere Stiftungsberichte, so entdeckt man eine Verschiebung des Schwerpunktes in den Methoden und Forschungsgebieten auf dem internationalen Sektor. Von 1964 bis 1966 konzentrierte sich das Interesse auf Entwicklung, Handel, Bevölkerungs- und Ernährungsprobleme. Von 1966 bis 1968 verlagerte sich das Schwergewicht auf die Förderung des internationalen Austausches von Wissenschaftlern, auf quantitative Studien über die internationalen Beziehungen und auf Reisestipendien für Forschung, Untersuchungen über die »Weltordnung« und technische Hilfe für unterentwickelte Länder.

Die Angaben in Tabelle 4.6 zeigen eine allgemeine Steigerung der Subventionen auf internationalem Gebiet, wobei sich die bemerkenswerteste Steigerung zwischen 1962 und 1966 abzeichnet. Auf diesem Gebiet würde sich das Bild nicht verändern, wenn mehr Stiftungen als Beispiel herangezogen werden, weil die Ergänzung nur kleine Stiftungen sein würden, die wenig Interesse an internationalen Aktivitäten zeigen. Zwei andere Punkte verdienen Interesse: (1) Die Ford-, Rockefeller- und Carnegie-Stiftung leisten den größten Beitrag; und doch (2) wandert die finanzielle Unterstützung der Stiftungen in vielen Fällen nicht direkt ins Ausland, sondern vielmehr direkt an amerikanischen Universitäten für Studien über das Ausland.

Andere Stiftungen wandten sich jüngst der Beschäftigung mit den Lebenswissenschaften und ihrem Verhältnis zur Sozialpolitik zu, wobei die Rusell Sage Foundation die meiste Aufmerksamkeit verdient (siehe Russell Sage Foundation, 1968, S. 10–20). Obwohl es wenig wahrscheinlich ist, daß diese Tätigkeiten direkt durch einen liberalen Idealismus motiviert werden, kann man aus einigen Programmen der Russell Sage Foundation (1968, S. 28) auf eine gewisse Neigung schließen:

Das Interesse der Stiftungen an der Sozialisation besonderer Gruppen in der amerikanischen Gesellschaft hat während der letzten fünf Jahre allmählich Auftrieb erhalten. In diesem

Tabelle 4.6: Offiziell bekannte Subventionen für internationale Beziehungen, 1960, 1962 und 1966

	Zahl der Stiftungen			Zahl der Subventionen			Höhe (in tausend Dollar)			Subventionen für internationale Beziehungen (in Prozenten)		
	1960	1962	1966	1960	1962	1966	1960	1962	1966	1960	1962	1966
Wirtschaftshilfe	4	o.A.ᵃ	o.A.	o.A.	o.A.	o.A.	$ 1.496	o.A.	o.A.	8	o.A.	o.A.
Austausch von Personen	15	9	16	o.A.	21	22	4.459	$ 1.988	$ 2.539	24	4	2
Internationale Studien	17	13	8	o.A.	81	47	6.632	20.308	50.800	36	39	36
Frieden und internationale Zusammenarbeit	5	10	15	o.A.	17	33	405	1.146	4.563	2	2	3
Beihilfen und Flüchtlinge	8	2	15	o.A.	2	16	385	30	661	2	—ᵇ	—ᵇ
Technische Hilfe	8	7	25	o.A.	61	131	5.303	8.778	26.535	28	17	19
Erziehung	o.A.	13	58	o.A.	110	139	o.A.	11.520	40.513	o.A.	22	29
Gesundheit und Medizin	o.A.	15	38	o.A.	108	134	o.A.	7.240	11.280	o.A.	14	8
Kulturelle Beziehungen	o.A.	6	32	o.A.	18	53	o.A.	1.288	3.069	o.A.	2	2
Sonstiges	1	o.A.	13	o.A.	o.A.	21	9	o.A.	1.272	—ᵇ	o.A.	1
Summe	29	33	152	o.A.	418	596	$ 18.689	$ 52.298	$ 141.232	100	100	100

Quelle: *The Foundation Directory*, erste, zweite und dritte Ausgabe (New York: Russell Sage Foundation, 1960, 1964 und 1967).

ᵃ o.A. = ohne Angabe.
ᵇ Weniger als 0.5 Prozent.

Jahr ... werden die Bemühungen der Stiftung auf diesem Gebiet zum Verständnis für die Probleme solcher Gruppen beitragen: rassische Minoritäten, hochtalentierte Frauen, die Blinden, die Alten und die Fachleute. Im letzten Jahr kündigte die Stiftung ihre Unterstützung für eine sechsmonatige Forschungsstudie über Neger als leitende Angestellte im Geschäftsleben der Weißen an.

Aus keiner der oben getroffenen Feststellungen kann man schließen, daß *alle* Stiftungen eine liberale Haltung einnehmen. Manche sprechen ausschließlich in der apolitischen Sprache des spezialisierten Professionalismus. Die Wenner-Gren-Stiftung für anthropologische Forschung ist beispielsweise so exklusiv auf anthropologische Fachstudien ausgerichtet, daß ihre Programme scheinbar keine Beziehung zur amerikanischen politischen Umwelt haben. Selbst wenn man den Professionalismus als eine besondere Art ideologischer Rechtfertigung betrachtet, würde es schwer sein, sie mit dem Schema Rechts-Mitte-Links in Beziehung zu setzen, das hier für die Diskussion über die Stiftungen angewendet wurde.

Geradeso wie es Stiftungen mit linksliberaler Orientierung gibt, gibt es auch Stiftungen, die offen die Tätigkeit des rechten Flügels fördern (die aus Fonds von H. L. Hunt gespeisten Organisationen) oder auch solche Organisationen, die ihre Mittel der »traditionellen« Caritas und der Förderung »konservativer Werte« widmen. Die Lilly Endowment, die ihre Basis in Indiana besitzt, spiegelt die letzten Spuren traditioneller Philanthropie wider. Ihr Interesse ist streng religiös, sie fördert antikommunistische Bildungsprogramme, unterstützt sozialwissenschaftliche Forschung nur im geringen Ausmaß oder überhaupt nicht und legt das Schwergewicht auf karitative Spenden zur Förderung solcher Personen, die Selbstvertrauen besitzen und den Vereinigten Staaten loyal verbunden sind (Lilly Endowment, 1969).[18] Die liberale Orientierung großer Stiftungen in der Frage der Rassengleichheit und verstärkter Hilfe für Entwicklungsländer steht daher keineswegs unangefochten in der Welt der Stiftungen da. Das Verhältnis der Stiftungen zur Regierung war besonders in den letzten zwei Jahrzehnten für die liberale Haltung eine überaus wichtige Triebkraft. Die Stiftung wurde oft durch die Ausdehnung der von der Regierung geförderten

[18] siehe auch die Berichte über 1965, 1966 und 1967.

Forschung verwirrt: Die Danforth Foundation (1967, S. 10–11) verleiht dieser Konfusion richtig Ausdruck:

Die amerikanische Philanthropie war niemals gesünder oder verwirrter. Das trifft besonders auf solche Stiftungen zu, die auf dem Gebiet der Bildung tätig sind. Einerseits rufen die Schulen und Colleges dringender nach Hilfe als je zuvor, und die Stiftungen reagieren immer stärker darauf. Andererseits fragen die Stiftungen angesichts der komplexen und ungewissen Natur der Erziehung und der Millionen neuer Regierungsgelder erstaunt, was sie tun sollen. Sie scheinen mehr Zeit darauf zu verwenden, im allgemeinen ihre Rolle und im besonderen ihre Subventionen abzuwägen als es früher der Fall war.

Dieses Interesse an einer Neubestimmung der Rolle der Stiftung ist weitverbreitet und wiederholt sich immer wieder.[19] Trotz der Verwirrung wurde eine Formel für Anpassung und Kooperation gefunden. Diese Tatsache schlägt sich im Bericht der Danforth Foundation nieder (1967, S. 10–11):

Die Danforth Foundation hat sich entschlossen, solche Interessen, die sich mit der Tätigkeit des Staates überschneiden, nicht aufzugeben, sondern verfolgt dort, wo es möglich ist, eine Politik gleichlaufender Tätigkeiten und Zusammenarbeit ... Staatsgelder sind wie die Stiftungsgelder, weder böse noch gut. Wir müssen lernen, mit ihnen schöpferisch umzugehen und sie zum Wohl der gesamten Bildung mit anderen Mitteln zu kombinieren.

Im Endeffekt wurden die Stiftungen zur Zusammenarbeit mit der Regierung oder, wie es die Sprecher der Stiftungen formulieren, zu einer Partnerschaft gedrängt. Eine Partnerschaft läßt aber das Problem noch offen, welche Rolle die Stiftungen spielen werden. Sie können die Anstrengungen der Regierung nicht imitieren, sondern nur den Bedürfnissen der Regierung entsprechend ergänzen. Damit sieht sich die Stiftung im Gegensatz zur eher beharrenden Rolle der Regierung – des »vorsichtigen« Partners – in die Rolle der erneuernden Kraft gedrängt. Die Stiftungen sind in der Lage, Neuerungen zu initiieren. Die Anerkennung der Stiftungen in der Öffentlichkeit hängt davon ab. Ergänzung der Forschungsbemühungen der Regierung heißt zugleich, daß die Stiftung Risiken auf sich nimmt, die die

---

[19] Für einige Beispiele aus jüngster Zeit siehe M. Bundy in Ford Foundation (1968) und Creel (1969).

Regierung aus politischen und zuweilen finanziellen Überlegungen nicht auf sich nehmen kann. Die Partnerschaft bedeutet also für die Stiftung sowohl praktische Zusammenarbeit als auch das Risiko für politische Neuerungen. Es gibt einige Äußerungen, die sowohl auf die Tatsache als auch auf die positive Haltung beider Partner zu einer solchen Zusammenarbeit Bezug nehmen. Neben gemeinsamen Vorhaben findet auch auf personeller Ebene eine Kollaboration statt.

Die Anhänger einer Stiftung und Regierungsbeamte bewegen sich jeweils zwischen den Weingärten des anderen hin und her, manchmal über viele Jahre hinweg, manchmal nur aufgrund einer *ad hoc* Ernennung, die ursprünglichste Antwort ist die patriotische Verpflichtung. Unsere Regierung sollte talentierte Leute heranziehen, wo immer sie sie aufspürt, und die Mitglieder von Stiftungen sind zu einer Antwort geradezu verpflichtet, wie Universitätsprofessoren und Geschäftsführer. Der Patriotismus stellt jedoch nicht die einzige Basis für den wechselseitigen Austausch dar. Um auf dem höchsten Stand in ihren Informationen zu bleiben, bedürfen sowohl die Stiftungen als auch die Regierung neuer talentierter und spezialisierter Außenseiter ... Die Stiftungen können die Regierungsarbeit uneigennützig bewerten. Es ist kein abwertendes Urteil über das Recht und die Kompetenz des Kongresses, die Tätigkeit der Regierung zu überprüfen, wenn man feststellt, daß Urteile aus dieser Quelle nicht immer frei von politischen Implikationen sind. Der Kongreß selbst und die Exekutive haben die Bedeutung einer unabhängigen, nicht von der Regierungsseite stammenden Einschätzung erkannt, und wer sollte sonst die sozialen und wirtschaftlichen Programme beurteilen, um von einer anderen Seite als die der Regierung unterstützt zu werden, wenn nicht die Stiftungen? (Magat, 1969, S. 7–8).

Magat (1969, S. 6) hebt vor allem den praktischen Wert der Zusammenarbeit für die Stiftungen hervor:

Die Partnerschaft kann die Gestalt gemeinsamer Unternehmungen mit lokalen, einzelstaatlichen Regierungen oder der Bundesregierung annehmen. Die Mitarbeit verlangt die direkte Erfahrung der Regierung bei einem solchen Unternehmen, so daß sie sich nicht auf Beobachtungen aus zweiter Hand oder nach dem Geschehen verlassen muß; damit erhöhen sich die Chancen, daß Interesse und Finanzierung nicht aufhören, wenn die Stiftung auch ihre Rolle ausgespielt hat. Die Zusammenarbeit ist manchmal auch aus dem einfachen Grund angebracht, weil die Kosten eines Unternehmens für die Stiftung allein zu hoch wären.

Die Zusammenarbeit erfaßt ebenso die regionale Regierungsebene und greift auch heikle Fragen auf (U.S.-House, 1969, S. 430). Bei den Stiftungen wurde der Trend zu Zusammenarbeit und Risikobereitschaft so stark, daß eine Kommission für Stiftungen und private Philanthropie zu ihrer systematischen Untersuchung eingesetzt wurde. Die Kommission will unter anderem »neue Rollen für Stiftungen« untersuchen, »wenn die Regierung in den traditionellen Bereichen der Fürsorge und Philanthropie ungeheure Summen investiert« und will »Richtlinien« erarbeiten, wonach sich »die eigentliche Rolle privater Philanthropie und der Unterschied zu den Problemen der öffentlichen Politik und zum politischen Prozeß bestimmen lassen« (Peterson, 1969).

Die Reaktion der Bundesregierung auf die Tätigkeiten der Stiftung sind ihrem Grundtenor nach Thema einer Untersuchung; die jüngsten Investitionen des Patman-Unterausschusses (Repräsentantenhauses der Vereinigten Staaten) und die darauffolgende Unterordnung der Stiftungen unter die Maßnahmen einer Steuerreform orientieren sich hingegen offensichtlich am Liberalismus der Stiftungen als dritte Kraft. In Übereinstimmung mit den Hearings vor dem *House Committee on Ways and Means,* die unter dem Vorsitz des Kongreßabgeordneten Wright Patman 1969 abgehalten wurden, würde jeder Stiftung für eine Investition, »wodurch die Ausführung ihrer außerordentlichen Zwecke gefährdet wird«, eine Steuerzulage von 100 Prozent auferlegt werden. Mit dieser Maßnahme wollte man scheinbar besonders die Bestrebungen der Stiftungen untergraben, die der Wählerregistrierung und den Selbsthilfeprogrammen der schwarzen Gettos galten. Eindringlich zitiert jener Abschnitt der Bill mit dem Titel »Steuern und zu versteuernde Ausgaben« die Beendigung des steuerfreien Status als Strafe für Bemühungen zu »Propagandazwecken oder zur Einflußnahme auf die Gesetzgebung« oder »zur Beeinflussung des Ergebnisses jeder öffentlichen Wahl« (Walsh, 1969, S. 678–679). Abgesehen von einigen vagen Hinweisen auf Studienreisen, finden sich in der Bill nur wenig Anhaltspunkte für eine wirkliche Beunruhigung über Manifestationen für den Liberalismus einer Stiftung im Rahmen ihrer Tätigkeit in Übersee. Damit wird deutlich, daß das eigentliche Interesse und die echte Sorge der Innenpolitik gelten.

Die Stiftungen erwiesen sich als einzigartig unfähig, die Methoden der Lobby in eigener Sache anzuwenden. Abgesehen von der einen oder anderen Aktion aus letzter Zeit seitens der Stiftungen selbst und abgesehen von der sporadischen Hilfe seitens des Kongresses, wurden die Stiftungen von jenen Personen und politischen Institutionen, die von ihrem Vorhandensein profitieren, bemerkenswert wenig verteidigt. Dagegen kann man argumentieren, daß damit die Vorstellung von einem monolithischen Establishment widerlegt wird, die wie eine mächtige Phalanx handelt, um den Eintritt von sozialer Gerechtigkeit und ökonomischen Wandel zu verzögern.

Das Hauptproblem scheint darin zu bestehen, daß die Form der Gesellschaft für öffentliche Trusts ungeeignet ist, zumindest wenn es gilt, die Unterstützung der Massen zu gewinnen oder sogar die Unterstützung einer besonderen Elitegruppe. Abgeschnitten von einer größeren nationalen Anhängerschaft werden die Stiftungen von den »Unteren« bekämpft, denen sie zu dienen suchen, genauso von den »Oberen«, die den operationalen Rahmen für die Tätigkeit und die politischen Maßnahmen einer Stiftung aufstellen. Damit kann man auch die ziemlich konventionelle Bindung an die Ideologie und die Sache des Liberalismus und auch zum guten Teil das Ressentiment erklären, das der Tätigkeit der Stiftungen sowohl von den Kreuzrittern des rechten Flügels als auch von den Kritikern des linken Flügels entgegengebracht wird.

Während die Reaktion der Stiftung auf die Kritik sehr vorsichtig war und auch stark der Selbstverteidigung diente, wurde die Stiftung wegen ihrer sonderbaren Stellung zwischen Geschäftswelt und Regierung verwundbar und suchte nach Formen des Überlebens. Eine liberale Orientierung und die Zusammenarbeit mit den Regierungsstellen zur Liberalisierung der Politik half ihnen dabei. Diese Trends weckten jedoch noch mehr Kritik sowohl auf der rechten als auch auf der linken Seite. Eine wesentliche Steigerung des Druckes, den die Kritiker beider Färbung ausüben, würde eine Krise heraufbeschwören.

Bremner, R. H. (1960): American Philanthropy. Chicago: University of Chicago Press.
Council on Foundations (1968): Council on Foundations Annual Report, 1967–1968.
Creel, D. S. (1969): The Role of the Foundations in Today's Society. Rede vom 20. Mai 1969 vor der 9. Biennial Conference on Charitable Foundations, New York University.
Danforth Foundation (1967): Danforth Foundation Annual Report, 1965–1966, St. Louis.
Danforth Foundation (1969): Danforth Foundation Annual Report, 1967–1968, St. Louis.
Ford Foundation (1968): Ford Foundation Annual Report, 1967–1968, New York.
Ford Foundation (1969a): Ford Foundation in East and Central Africa. New York: Ford Foundation Office of Reports.
Ford Foundation (1969b): News from Ford Foundation (2. März).
Ford Foundation (1969c): News from Ford Foundation (30. April).
Ford Foundation (1969d): News from Ford Foundation (8. Mai).
Ford Foundation (1969e): News from Ford Foundation (19. Juni).
Fremont-Smith, M. R. (1965): Foundations and Government. New York: Russell Sage Foundation.
Harrison, S. und Andrews, F. E. (1946): American Foundations for Social Welfare. New York: Russell Sage Foundation.
Lilly Endowment (1964): Lilly Endowment Report for 1964, Boston.
Magat, R. (1969): Foundation Reporting. Rede vom 19. Mai 1969 vor der neunten Biennial Conference on Charitable Foundations, New York University.
Peterson, P. G. (1969): Press release, 23. April 1969. Bell and Howell Company.
Russell Sage Foundation (1964): The Foundation Directory, 2. Ausg., New York.
Russel Sage Foundation (1967): The Foundation Directory, 3. Ausg., New York.
Russell Sage Foundation (1968): Russell Sage Foundation Annual Report, 1967–1968, New York.
Sutton, F. X. (1968): American Foundations and U.S. Public Diplomacy. New York: Ford Foundation; Nachdruck einer Rede vor dem Symposium on the Future of U.S. Public Diplomacy, vorgelegt vor dem U.S. House Committee on Foreign Affairs Subcommittee on International Organizations and Movements.
U.S. Department of the Treasury (1965): Treasury Department Report on Private Foundations, Bd. 1. Washington, D. C.: Government Reprinting Office.
U.S. House (1952): Hearings Before the Select Committee to Investigate Tax-Exempt Foundations and Comparable Organizations, 82. Kongreß, 2. Session, Washington, D. C.: Government Printing Office.
U.S. House (1969): Hearings Before the Committee on Ways and Means, Tax Reform. 91. Kongreß, 1. Session, Washington, D. C.: Government Printing Office.
U.S. Senate (1916): Final Report and Testimony. 64. Kongreß, 1. Session, Senatsdokumente, Nr. 415. Washington, D. C.: Government Printing Office.
Walsh, J. (1969): Tax Reform: House Bill Holds Penalties for Foundations. Science, Bd. 165 (20. März), S. 678–679.

Fünftes Kapitel
Abschreckungspolitik: Von der wissenschaftlichen Fallstudie zum militärischen Handbuch

Der Horror der traditionsverpflichteten Wissenschaftler vor der Arbeit der Kriegsspielstrategen, ob sie sich nun dem zivilen oder militärischen Sektor verpflichtet fühlen, gleicht eher der Angst jener Menschen, deren Sorge dem beruflichen Status gilt und nicht solcher Menschen, die sich durch eine mittellose Sozialwissenschaft kompromittiert fühlen. Dieses Kapitel stellt teilweise den Versuch dar, diesen Fragenkomplex neu aufzurollen. Das Problem lautet folgendermaßen: Die Theorie konnte mit keinem noch so starken Angriff auf das Kriegsspiel als Strategie den Versuch entmutigen, die Anwendungen dieser Analyse-Technik auf die theoretische Ebene zu transferieren. Das Problem läßt sich vielleicht so lösen, daß man genauer und ernster die Konsequenzen einer solchen Strategie in der Wirklichkeit und für den konkreten Menschen untersucht.

Zuerst soll die soziostrukturelle Komponente, die in den Strategien des Kriegsspiels enthalten ist und deren Anwendung durch das Militär erleichtert wird, untersucht werden. Daraufhin wird die Kriegsspieltheorie im Licht militärischer Praxis beleuchtet. Nur durch eine Untersuchung der empirischen Gegebenheiten, wo behauptet wird, daß die Kriegsspielstrategien zum Vorteil eingesetzt wurden, können wir über die Argumente hinaus zum tatsächlichen Wert dieser Theorie gelangen.

Wenn die übliche Kritik an der Kriegsspieltheorie übergangen wird, dann nicht aus Unkenntnis dieser Theorie – in der Tat fühle ich mich teilweise verantwortlich dafür, daß diese Argumente an die erste Stelle gerückt sind (Horowitz, 1962 und 1963) –, sondern einfach deswegen, weil jede Theorie dem praktischen Test durch ihre Anwendung unterworfen ist. Eine einzige entnervende atomare Krise ist noch kein definitiver Vorwurf, aber ermöglicht die Konfrontation von Stellungnah-

me und Wirklichkeit in einem Bereich, der bisher zumindest von einem Teil der sozialwissenschaftlichen Gesellschaft, die mit dem militärischen Entscheidungsprozeß in Verbindung steht, für unverletzlich gehalten wurde.
Die Reaktionen der Theoretiker des Kriegsspiels schwanken gewöhnlich zwischen Amusement und Ablehnung, wenn sie mit der militärischen Anwendung ihrer Erkenntnisse konfrontiert werden. Einige behaupten, daß die Arbeit der Kriegsspieler bei der Verdrängung der altmodischen Horrorgeschichten großen therapeutischen Wert hat, daß aber darin die einzige Gültigkeit liegt. Andere sind der Überzeugung, daß sich die Begriffe des Kriegsspiels radikal von den grundlegenden Spieltheoremen aus der Wahrscheinlichkeitstheorie unterscheiden, ja sogar im Widerspruch dazu stehen. Ich selbst bin der Überzeugung, daß diese Aussagen den Behauptungen sehr ähnlich sind, wie sie von den Gründungsmitgliedern der Königlichen Akademie der Wissenschaft geäußert wurden, als sie entdeckten, daß Atheisten und Agnostiker auf der Basis der Prinzipien der Mechanik die Mitgliedschaft anstrebten: Entgegen jedem empirischen Beweis wollten sie die Behauptung als gesichert hinstellen, daß die Prinzipien der Mechanik die Existenz der Vorsehung hinlänglich beweisen und diese Grundsätze daher nur gute Ergebnisse zeitigen können.
Die Voraussetzung besteht in der Verbindung zwischen den Kriegsspielen und anderen Spielen überhaupt, unabhängig von der Intensität dieser Verbindung. Ohne Rücksicht darauf, wie angenehm oder furchtbar solche Spiele für die Teilnehmer oder Opfer sein mögen, besitzt die Spieltheorie darüber hinaus sowohl empirische als auch metaphorische Elemente, die über die Bundesbehörden in eine operationale Terminologie übersetzt ein Teil der amerikanischen Außenpolitik werden.
In diesem Kapitel soll keine Chronik des Verhältnisses zwischen Kriegsspiel und Bundespolitik geboten werden, sondern der Versuch, die allgemeinsten Beziehungen zwischen der nationalen Politik und dem militärischen Verhalten zu verstehen, indem eine spezifische Theorie über den Einfluß strategischer Erfahrung auf politische Fragen untersucht wird. Die Abschreckungstheorie dient hierbei als Modell und wird anhand der Kubakrise als konkretes Geschehen mit entscheidenden Konsequenzen getestet. Seiner besonderen Anlage nach soll mit diesem Ver-

such das allgemeine Beziehungsgeflecht zwischen Politik und Militarismus erfaßt werden, und als Mittel dazu dient die Untersuchung einer eigenen Theorie über den Einfluß der Kriegsspieltheorie auf die Außenpolitik der Vereinigten Staaten.

Das Spiel der Abschreckung: ein militärisches Handbuch

Die Theorie der militärischen Abschreckung mit Hilfe strategischer Spiele wurde in einem Artikel des Colonels Wesley Posvar, dem früheren Vorsitzenden des *Air Force Political Science Department,* aufgestellt und trägt den Titel »Der Einfluß strategischer Erfahrung auf die nationale Sicherheitspolitik der Vereinigten Staaten«. Seine Theorie setzt mit einer Definition der Strategie ein:

Im gegenwärtigen Kontext bezieht sich die Strategie auf die systematische Entwicklung und Anwendung nationaler Macht, besonders der militärischen Macht, um nationale Ziele zu sichern. Die relevanten Konstituenten nationaler Macht... schließen Militärmacht und andere Mittel ein, insoweit sie mit der militärischen Macht eng verbunden sind, darunter fallen ökonomische Mittel (Auslandshilfe, Handel, Diskriminierung), psychologische Verfahren (Propaganda, Terror) und im begrenzten Ausmaß ideologische und politische Methoden (Posvar, 1964, S. 38).

Diese Definition wird allgemein von den Experten in strategischen Fragen akzeptiert und fügt sich in diesen Zusammenhang ein, weshalb kein Grund vorhanden ist, sie hier nicht zu übernehmen.
Die Theorie Posvars befaßt sich zum Teil mit der Bildung strategischer Politik: »Die Politik wird nicht nur in einem Prozeß formuliert, wie man üblicherweise meint, das heißt, von einer Gruppe, die im Zentrum der Regierung steht und sich die Informationen beschafft, deren sie bedarf.« Strategie wird auch durch die kumulative Aktion untergeordneter und außenliegender Elemente gestaltet »in dem Sinne, daß die heute für die Entwicklung ausgesuchten Waffen die nationale Strategie der folgenden zehn Jahre determinieren... Obwohl die Gestaltung der Strategie eine Funktion der Regierung ist... kann diese Funktion in großem Umfang vollständig außerhalb der Regie-

rungsstruktur ausgeübt werden« (Posvar, 1964, S. 39-40). An dieser Stelle beschreibt er einen Prozeß, den schon viele andere beobachtet haben – Politik als Mangel an Entscheidung und Nachlässigkeit. Insofern Entscheidungen getroffen werden könnten, aber nicht gefällt werden, sieht Posvar entscheidenden Einfluß (er würde das Wort »Macht« nicht verwenden) auf die strategischen Experten übergehen, weil sie akzeptable Möglichkeiten entdecken oder definieren.

Posvar beschreibt daraufhin das System strategischer Spiele: »Strategische Erfahrung ist das Produkt von Menschen, Organisationen und Methoden.« Es ist nicht das Produkt eines statistischen Aggregats, weil die strategischen Experten eine Gemeinschaft bilden, »die einen Kohärenzgrad besitzt, der über die Bande gemeinsamer Organisation und Technik hinausgeht« (Posvar, 1969, S. 43). Strategisches Wissen wird im Rahmen von zwei Organisationen gesammelt: in den Forschungsgesellschaften und den universitären Forschungszentren (vgl. Lyons und Morton, 1965). Die am besten organisierte strategische Kenntnis konzentriert sich auf ein halbes Dutzend Forschungsgesellschaften: Rand (arbeitet primär für die Luftwaffe), *Research Analysis Corporation* (Nachfolger von ORO *[Operations Research Office]* arbeitet vor allem für die Armee), das *Institute for Defense Analysis* (betreibt Auftragsforschung für das Verteidigungsministerium im allgemeinen), das *Hudson Institute*, die *Operations Evaluation Group* (arbeitet für die Marine) und das *Stanford Research Institute* (arbeitet sowohl für die Industrie als auch für die Regierung).

Strategisches Wissen wird mit verschiedenen analytischen Methoden wie etwa der ökonomischen Theorie gewonnen – beispielsweise mathematische Kriegsmodelle zur Computersimulation oder formlose Spiele von Entscheidungsträgern in Konfliktsituationen, die durch individuelles Rollenspiel simuliert werden. Darunter fällt natürlich jene Verschmelzung aller Momente (die deshalb für einige Sozialwissenschaftler von besonderem Interesse ist), nämlich die Systemanalyse – das »aus einer Vereinigung von Experten aus verschiedenen Disziplinen resultiert, die hinsichtlich Organisation und Kommunikation unter günstigen Bedingungen gemeinsamen Fragen ihre Aufmerksamkeit zuwenden« (Posvar, 1969, S. 52). Die Beschreibung Posvars vom Aufbau und den Methoden des Systems der

Spielstrategie ist kurz, aber ziemlich bündig, obwohl die von ihm beschriebene Kohärenz Implikationen nach sich zieht, die weit über seine Überlegungen hinausführen.

Posvar beschreibt schließlich verschiedene Verfahren, wie die Spielstrategie in die aktuelle Politik übersetzt werden kann. Darunter fällt »die Umkehrung der Aufsplitterung der strategischen Funktionen ... das Problem der Vereinigung und Anwendung der erbrachten Leistung eines Systems ... Dieser Schritt bezieht den gesamten Entscheidungsprozeß der amerikanischen Regierung mit ein. So sehen wir uns gezwungen, unsere gegenwärtigen Beobachtungen auf die Schwierigkeiten zu beschränken, die bei dem Versuch entstehen, Empfehlungen und Untersuchungen in die richtigen Hände gelangen zu lassen« (Posvar, 1964, S. 56–57). Hier macht Posvar die Beobachtung, daß die Experten der strategischen Spiele zur Wahrung ihrer institutionellen Autonomie das Prinzip, nicht als Berater zu fungieren, aufrecht zu erhalten versuchen. Dieser Faktor verhindert gewöhnlich zusammen mit der Stellung der Experten außerhalb der Regierung »den Einbezug wichtiger Ideen und Erkenntnisse in den Entscheidungsprozeß«. Was mit den spezifisch politischen Empfehlungen geschieht, sobald sie an die zuständige Stelle gelangt sind, ist eine Frage für sich, die Posvar (1964, S. 56–57) nicht weiter beachtet.

Das System der Einflußnahme nimmt auch neue Formen an, wenn die strategische Analyse von hohen Regierungsbeamten für besondere Aufgaben in Anspruch genommen wird. Es ist kaum verwunderlich, daß die »ledige Jungfer« (das ist die RAND Corporation, die von der Luftwaffe zwar unterhalten, ansonsten aber ignoriert wird), die besondere Aufmerksamkeit des Amtes des Verteidigungsministers gewonnen hat, das heute frühere Mitglieder der strategischen Gemeinschaft in seine Reihen aufgenommen hat, die ihre Anziehungskraft voll zu schätzen wissen.

Seine Theorie liefert ein neues Verfahren, wie die strategische Analyse Einfluß auf die Politik gewinnt; der direkte und objektive Einfluß auf den gesamten politischen Bereich durch die massenhafte Verteilung von Stipendien ist von größerer Bedeutung. In diesem System wächst das Volumen der Veröffentlichung plus unzähliger Kurzartikel von politischen Beamten und Verwaltungsoffizieren ständig an. Dieser Prozeß versetzt die Experten der Spielstrategie in die Lage, auf die Entscheidungen untergeordneter und außenliegender Elemente Einfluß zu nehmen.

Auf diesen Überlegungen beruht die Theorie Posvars von der Spielstrategie. Er wirft jedoch auch andere wichtige Fragen auf, die der Überlegung wert sind. Erstens die Frage einer Bewertung des Systems. An dieser Stelle wird Posvars Theorie zu einer Lobpreisung:

»Rand scheint eine der besten Investitionen zu sein, die die Regierung der Vereinigten Staaten seit dem Kauf von Louisiana getätigt hat. Verteidigungsminister McNamara neigt zwar nicht zu so überschwenglichen Feststellungen, anerkennt aber, daß die Luftwaffe den ›zehnfachen Wert‹ der Vertragskosten mit Rand wieder hereinbringt.« Posvar illustriert diese Behauptung mit sieben Beispielen einer erfolgreichen Realisierung der strategischen Analyse, führt aber kein Beispiel eines Mißerfolges an.

Wir können an einem Waffensystem so lange keine Fehler entdecken, als es den Zielen der Politik angemessen ist. Wer kann heute sagen, ob wir mit der Entscheidung, auf die B-47-Waffe plus Versorgungsflugzeuge und zuvor auf die B-36-Waffe aufzubauen, die beste Entscheidung getroffen haben? Wer kümmert sich wirklich darum? Man vermutete einen Erfolg, solange die Abschreckungspolitik eines allgemeinen Krieges erfüllt war (Posvar, 1965, S. 61, 64–65).

Diese Erklärung wirkt ebenso sophistisch wie die Erklärung eines »Gefangenen« der Stadt, wenn man ihn fragt, warum er ständig mit den Fingern schnippt: »Um die Elefanten zu vertreiben. Es funktioniert doch gut, nicht?« Ohne Rücksicht darauf kann man Posvars Theorie von der Arbeitsweise des Systems unabhängig von seiner eigenen Einschätzung des Systems beurteilen.

Ein weiteres Problem stellt sich mit dem Verhältnis von zivilen Strategieexperten und dem Berufsmilitär. Zuweilen taucht die Ansicht auf, daß die Strategieexperten die älteren Militärberufe unterwandern, indem sie sie ihrer wesentlichen Funktionen entleeren. Posvar sieht darin den Versuch, durch »diesen Vorwurf das Bedürfnis nach weiterer Verstärkung der professionellen Bürokratie zu bemänteln«, indem man sich die Methoden und

Techniken des strategischen Wissens zu eigen macht, damit sie das Militär besser beurteilen und anwenden kann.

Das dritte Problem wirft die Frage auf, ob die strategischen Experten eine Machtelite konstituieren, ob sie zum Komplex Militär – Industrie – Wissenschaft gehören. Posvar geht zunächst über diese Frage hinweg, später taucht sie aber in anderer Form wieder auf:

Wir können daher feststellen, daß unser Interesse ausdrücklich der Verschiebung der Macht im Verhältnis zur Verantwortung gilt. Wir greifen auf die Macht (oder Autorität) zurück, um strategische Entscheidungen zu treffen oder sie entscheidend zu beeinflussen, und auf die Verantwortung (oder Rechenschaftspflicht) einem höheren politischen Ziel gegenüber für die Folgen dieser Entscheidungen. Sie wollten an einer Stelle vereint sein (Posvar, 1964, S. 65).

Für Posvar liegt die Lösung klar auf der Hand: »Die Trennung von Macht und Verantwortung als einer Unzulänglichkeit des strategischen Entscheidungsprozesses könnte weitgehend dadurch behoben werden, daß man die Qualifikationen der Berufsbeamten, sowohl der zivilen als auch der militärischen, anhebt« (Posvar, 1964, S. 63–64). Das Militär vertrat in diesem Land lange Zeit die Ideologie einer professionellen und apolitischen Orientierung. Der Berufsmilitarismus betont natürlich besonders die Urteile von Experten. Posvar ist ein Angehöriger des Militärs und scheint davon auszugehen, daß der professionelle Wert der Spielstrategie oder ihr »wissenschaftlicher« Status bereits die Garantie für ihre überzeugende Realisierung auf allen Ebenen der Regierung ist. Wenn das Management versagt und die wissenschaftlichen Erkenntnisse, die sie in Auftrag gibt, nicht in die Tat umzusetzen vermag, dann liegt für Posvar der Mangel im Verständnis und kann durch Bildung korrigiert werden. Diese Anschauung, man könnte hierbei durch Erziehung und Bildung eine Änderung herbeiführen, geht an der politischen Wirklichkeit vorbei. Fachurteile können korrekt sein, aber das allein ist nicht genug. Es stellt sich auch die Frage nach den Interessen und den Nutznießern.

Zum Schluß geht Posvar besonders auf die Kubakrise ein.

Man wurde von neuem der Nützlichkeit und auch der Grenzen strategischer Schlagkraft in solchen Situationen gewahr, wo, wie in Kuba, nur begrenzte nationale Interessen auf dem Spiel stehen. Herman Kahns Abschreckungsmittel vom Typ II (»welches gegen eine größere Aggression gegen ein lebenswichtiges Gebiet, aber nicht gegen die USA [z. B. Europa] durch die Drohung einer Wiedervergeltungsaktion gegen die UdSSR schützt«) und Thomas Schellings Drohung, die einiges dem Glück überläßt (»die kleinere Aktionen durch die Gefahr abwendet, daß jemand unglücklicherweise und unbeabsichtigt einen größeren Krieg in Gang setzen könnte«), haben zu diesem neuen Bewußtsein beigetragen. Wenn man über diese neuen Vorstellungen im strategischen Denken und die Wahrscheinlichkeit nachdenkt, daß ein Präsident mit ihnen vertraut ist, wie es erwiesenermaßen Präsident Kennedy in der Kubakrise war, kommt man unvermeidlich zu dem Schluß, daß die Strategen einen wesentlichen Beitrag geleistet haben (Posvar, 1964, S. 66–67).

Schwierig wird es damit, daß ein Hinweis fehlt, ob das Kahn-Schelling-System Castro oder Chruschtschow genau »vertraut« war – jenen Personen, die damals direkt betroffen und zu dieser Zeit an der Macht waren. Darüber finden sich teilweise nur scherzhafte Aussagen. Tatsächlich implizieren sowohl Kahn als auch Schelling ein explizites Ausmaß wechselseitiger Rationalität zur Operationalisierung der Abschreckungs- und Drohungsmechanismen. Im gewissen Sinn offenbart sich hier auch die Achillesferse solcher strategischen Spiele; wenn nämlich beiderseitige Rationalität zur Ausführung der Politik mit militärischen Mitteln erforderlich ist, kann man die Gegenaussage kaum vermeiden: die Ausführung militärischer Aktivitäten mit politischen Mitteln. Der Grund dafür, daß Posvar und die neuen zivilen Militaristen als seine Nachfolger dieses logische Äquivalent nicht entwickeln, liegt darin, daß man, wenn schon das Eigeninteresse mit so viel Rationalität verfolgt wird, in der Diktion des guten Adam Smith die Behauptung aufstellen kann, daß dieselbe Rationalität auch beweisen würde, wie wenig es zum Ziel führt, wenn man mit Spielen zum menschlichen Grenzverhalten beginnt und damit von neuem die Vorstellung von der Problemlösung als Schlichtung und nicht des Sieges durch Furcht bekräftigt.

Das Abschreckungsspiel: ein organisatorisches Beziehungsgeflecht

Die kubanische Raketenkrise paßt zweifellos in Posvars Definition vom Kriegsspiel. Die Regierung der Vereinigten Staaten verfolgte zur Zeit der Raketenkrise (und verfolgt sie noch) in bezug auf Kuba drei grundlegende nationale Ziele: die Verbreitung des Kommunismus zu verhindern, die Regierung Castro zu stürzen und die Macht des Kommunismus in Kuba zu brechen. Diese Gefühle fanden in einer gemeinsamen Resolution des Kongresses vom 20. und 26. September 1962 ihren Niederschlag:

> Die Vereinigten Staaten sind entschlossen: (a) mit allen notwendigen Mitteln, den Einsatz von Waffen inbegriffen, das marxistisch-leninistische Regime in Kuba davon abzuhalten, seine aggressiven oder subversiven Tätigkeiten gewaltsam oder unter Androhung von Gewalt auf irgendeinen anderen Teil dieser Hemisphäre auszudehnen; (b) in Kuba den Aufbau oder Einsatz einer von außen unterstützten Militärmacht zu verhindern, wodurch die Sicherheit der Vereinigten Staaten bedroht werden würde und (c) mit der Organisation der Amerikanischen Staaten und den friedliebenden Kubanern zusammenzuarbeiten, um das Verlangen des kubanischen Volkes nach Selbstbestimmung zu unterstützen (Pachter, 1963, S. 179).

Man wollte Kuba mit militärischer Macht und mit Hilfe anderer Maßnahmen nationaler Macht wie durch ein Handelsembargo in die Isolation drängen, damit der Sowjetunion die Bewahrung des Kommunismus in Kuba teuer zu stehen käme (McNamara, 1963, S. 274). Die Raketenkrise liefert Posvar eine Bestätigung seiner Theorie und stellt für ihn daher einen relevanten Testfall dar.

Die nächste Frage richtet sich auf die Formulierung der Politik der Spielstrategie im Fall Kuba. Rein formal bietet die Antwort keine Schwierigkeiten. Ein Exekutivkomitee des Nationalen Sicherheitsrates, das ad hoc von Präsident Kennedy einberufen worden war, steckte einen Kurs ab, wonach der Präsident vorgehen sollte. Die Frage gilt aber eigentlich noch der Art und Weise, wie die Spielstrategie in der Folge in der aktuellen Tagespolitik auch wirklich realisiert wurde, wenn es überhaupt dazu kam. Das ist die Crux des Problems, und auf diese Frage fällt eine Antwort wirklich schwer.

Es gibt verschiedene Formen der Beeinflussung, die man in

Betracht ziehen kann. Erstens die Sammlung und Anwendung besonderer Empfehlungen oder Studien, die sich mit der Einführung von Offensivwaffen in Kuba auseinandersetzen. Ob die Analyse durch höhere oder niedrigere Regierungsstellen angeregt wird, spielt erst mit dem Vorliegen von Empfehlungen eine Rolle; zuerst müssen sie einmal aufgestellt werden. Bruce Smith (1971, S. 139) wies darauf hin, daß sich die erfolgreich arbeitende Beratergruppe gewöhnlich sehr darum bemüht, ihren Einfluß auf die Politik zu verbergen. Die Rand-Studie über strategische Basen, *Selection and Use of Strategic Air Bases*, R-266, wurde 1953 in die Tat umgesetzt, blieb jedoch noch neun Jahre, bis 1962, geheim. Um den Einfluß dieser Studie auf die Politik der Luftwaffe zu beweisen, berief sich Smith außerordentlich stark auf persönliche Interviews, die schwer zu erlangen gewesen wären, wäre sein Dissertationsberater nicht ein Mitglied des Treuhänderkollegiums von Rand gewesen. (Smith' Untersuchung war eine philosophische Doktorarbeit. Sein Fachberater, Don K. Price, war sowohl Dekan von Harvard als auch ein Treuhänder von Rand.) Die Rand Corporation nahm nach der Krise eine Reihe von Untersuchungen vor, wurden aber irgendwelche Studien vor der Krise durchgeführt, sind sie noch geheim (vgl. Graham und Brease, 1967). Da jede dieser Studien in ihrem Kern außerordentlich heikel ist, ist eine Veröffentlichung in naher Zukunft unwahrscheinlich. Zweitens sind spezifisch politische Empfehlungen atypisch; die meisten strategischen Analysen von Rand setzen sich mehr mit abstrakten Fragen auseinander. Die Nachrichtenanalyse, die auf eine spezifisch politische Frage ausgerichtet ist, gehört in die Kompetenz des Nachrichtensektors. Obwohl in der Kubakrise die theoretische Unterscheidung zwischen Forschung und Information in den Hintergrund tritt, wird die institutionelle Unterscheidung eindeutig aufrechterhalten – Forschungs- und Informationsfunktionen werden von verschiedenen Stellen ausgeübt. Allen Berichten nach wurden nur Nachrichtenexperten in das Exekutivkomitee des Kriegsrates aufgenommen. Nach Wohlstetter (1965) dachte niemand daran, daß die Kubaner und Russen die Raketen stationieren. Mangels gegenseitiger Beweise gingen wohl von der Rand Corporation keine spezifischen politischen Empfehlungen hinsichtlich der Lage auf Kuba aus. Nachdem der Einfluß von Rand in diesem Fall keinem Zweifel unterliegt, besteht kein Anlaß, über methodologische Probleme wie Kommunikation und Verzerrung politischer Empfehlungen oder die Verdienste der Systemanalyse zu theoretisieren.

Der andere Modus der Beeinflussung ist die »massive Ausschüttung von Stipendien«, die den wirkungsvollen Rahmen zur Stärkung neuer politischer Methoden auf Basis der Verhaltenspsychologie absteckt. Die frühen sechziger Jahre waren durch die Bildung der Kriegsspieltheorie als der Grundform makroskopischer Sozialwissenschaft gekennzeichnet. Dieser Vorgang spielte sich zum Teil als eine metaphorische Verdrängung der »historischen« Orientierung früherer Zeiten ab, die von solchen Schriften wie die Hans Morgenthaus und Arnold J. Toynbees geprägt waren, und teilweise als der allgemeine Glaube, die Ergebnisse der experimentellen Psychologie, besonders der Theorien über Stärkung, Austausch und Gleichgewicht, könnten auf das Verhalten zwischen den Nationen ausgedehnt werden. Es trafen verschiedene Umstände aufeinander, nämlich die Tätigkeit einer Gruppe von Kriegsspieltheoretikern wie Alain Enthoven und Adam Yarmolinsky in der mächtigen Position von Beratern; die beruflich bedingten Forderungen solcher Männer wie Bernard Brodie und Ithiel de Sola Pool, die Behauptungen der Behavioristen in einem erweiterten Kontext zu »testen«, das Zusammentreffen von »System«-Planern mit technischem Hintergrund wie Seymour J. Deitchman und »Gesellschafts«-Planern mit behavioristischem Hintergrund wie Henry J. Kissinger – im Brennpunkt dieser Faktoren kristallisiert sich eine neue Anschauung über die »Relevanz« und ein neuer Glaube an eine Sozialwissenschaft mit politischem »Sinngehalt« heraus.

Gerade zu dem Zeitpunkt, als die innerorganisatorischen Gegebenheiten für die Kriegsspieltheorie vorlagen, stieß man in der Raketenkrise von Kuba auf die politischen Requisiten eines wirklichen Konfliktes. Diese Krise hatte die vollkommenen Dimensionen szenenhafter Darstellung: (1) es war ein einfacher Zweikampf zwischen Großmächten (oder erschien den Protagonisten jener Zeit als solcher); (2) das Bühnenbild besaß die Proportion einer Offenbarung, wo relativ klare und eindeutige Dimensionen aufgedeckt wurden, und (3) ließen sich in einer solchen Lage Sieger und Besiegte sofort anhand ihres Verhaltens bestimmen. Daß man sich mit all diesen Vermutungen radikal im Irrtum befand, glaubte man damals entweder überhaupt nicht oder nur zum Teil. Es war kein einfacher Zweikampf, sondern nach der Interpretation von Kuba – und dem Großteil der Dritten Welt – ein Kampf zwischen zwei arroganten Großmächten und einer kleinen Macht, die ihren Grundsätzen folgend um Autonomie und Souveränität kämpfte. Die Inszenierung ließ keine Zweifel aufkommen, weil durch die Formulierung der Resolution alle Mitkämpfer und Parteien davon überzeugt werden konnten, daß in Wirklichkeit sie der Sieger waren. Es war ein Spiel mit offenen Karten, wobei niemand wirklich verloren hatte. Unter diesen Umständen konnte vielleicht wirklich der Friede zustandekommen, weil niemand die Verantwortung für eine Niederlage oder eine Folge, die vom Volk als Niederlage hätte gewertet werden können, zu übernehmen bereit war.

Nach dem Bericht der *New York Times (1962)* über die Zusammenkunft des Komitees am 19. Oktober wurden später über die Blockade neuerlich Überlegungen angestellt, womit die Frage eines Luftangriffs noch einmal aufgegriffen wurde. »Der Grund war so ewas wie ein ›Drehbuch‹ [diese Phrase geht auf die strategische Gruppe zurück] – ein Papier, das alle möglichen Folgen einer Aktion detailliert.« Nach Elie Abel (1966, S. 105) »entwarf Bundy ein Resümee der Vorteile eines Luftangriffes. Alexis Johnson schrieb zusammen mit Paul Nitze das ›Blockadedrehbuch‹«, womit der Bezugsrahmen für das Exekutivkomitee in Gestalt der strategischen Kriegsspielanalyse erstellt war.

Bruce Smith (1971, S. 62) stellte fest, daß »Kriegsspiele und Simulierung sich auch in Regierungskreisen als geeignetes Mittel erwiesen haben zur Förderung des Verständnisses von Verhaltensweisen, mit denen in Krisensituationen zu rechnen ist. Krisenspiele wurden zu Beginn der Kennedy-Ära vom Außen- und vom Verteidigungsministerium durchgeführt, wobei die Reaktion der Beteiligten allgemein positiv war«. Viele zivile Exekutivbeamte in höherem Rang waren darüber hinaus früher Mitglieder der Gruppe für Spielstrategie: Charles Hitch, *Assistant Secretary of Defense* (Finanzkontrolleur), Henry Rowen und Alin Enthoven, *Deputy Assistant Secretaries of Defense*, Walt W. Rostow, *Assistant Secretary of State*, und Paul Nitze, Marineminister (Posvar, 1964, S. 48). Zum Zeitpunkt der Krise war Paul Nitze stellvertretender Verteidigungsminister für Fragen der internationalen Sicherheit und ein Mitglied des ad hoc-Krisen-komitees von Kennedy.

Politisches Spiel als einer speziellen Subfunktion militärischer Politik ist ein Verfahren zum Studium außenpolitischer Fragen, das die Rand Corporation im Jahre 1954 zu entwickeln begann. Ein Rand-Bericht, der auf das Interesse des Außenamtes an der Spieltheorie Bezug nimmt, stellte fest, daß »sogar noch vor Beendigung der ersten vier Spiele Rand die ersten Anfragen für Information über ihre Verfahren des politischen Spiels erhielt, und von da an Stabsangehörige an einer Reihe entscheidender Diskussionen darüber teilgenommen haben« (Speier und Goldhammer, 1959, S. 80). Als Beweis für dieses Interesse wird angemerkt, daß »drei ältere Beamte des *Foreign Service* im Außenministerium neben Spezialisten der Abteilungen für Sozialwissenschaft, Ökonomie und Physik bei Rand am vierten politischen Spiel teilgenommen haben« (Speier und Goldhammer, 1959, S. 74).

Es herrscht nur wenig Zweifel daran, daß das Exekutivkomitee des Präsidenten in größerem Umfang Spiel und Simulation eingesetzt hat. Beinahe alle Organe auf höherer Ebene wußten sofort, auf welche Spiele man sich bezog. Obwohl Beamte des State Department wie George W. Ball Zweifel daran hegten, daß politische Spiele mehr Wert besaßen, als wenn das Bemühen im gleichen Umfang der bisher üblichen Lektüre und Forschung gegolten hätte, nahmen viele ältere Beamte des »traditionellen« Außenministeriums wie auch des »modernen« Verteidigungsministeriums an der vierten Runde teil. Obwohl im Kriegsrat Kennedys nur eine Minderheit aus dem Außen- und Verteidigungsministerium kam, waren scheinbar auch alle anderen mit der strategischen Analyse vertraut.

Wie weit in der Kubakrise mit offenen Karten gespielt wurde, davon berichtet Schlesinger (1966, S. 723–724): »Am Samstag abend waren die Aussichten düsterer denn je. Wenn Chruschtschow nicht innerhalb weniger Stunden antwortete, sah sich das Exekutivkomitee am Sonntag wahrscheinlich vor Entscheidungen von furchtbarer Tragweite gestellt.« In einer Metapher, die alles durchblicken läßt, bemerkte daraufhin Schlesinger: »Gegen neun Uhr morgens traf Chruschtschows Antwort ein. Nach dem fünften Satz war klar, daß er den Kampf aufgegeben hatte.« Es wurde schließlich auch klar, daß die Entscheidung der Sowjetunion, den totalen Krieg nicht riskieren zu wollen, »gerade rechtzeitig« eingetroffen ist. Schlesinger zieht die Schlußfolgerung, indem er auf die Alternative hinweist: »Wenn die Nachricht nicht am Sonntag eingetroffen und die Arbeit an den Raketenbasen weitergegangen wäre, so hätten die Vereinigten Staaten praktisch keine andere Wahl gehabt, als in der folgenden Woche militärisch gegen Kuba einzuschreiten. Und keiner wußte, was auf einen Luftangriff oder eine Invasion gefolgt wäre, welche Maßnahmen und Gegenmaßnahmen, Reaktionen und Gegenreaktionen die Welt zum grausigen Untergang getrieben hätten.« Man darf nicht vergessen, daß dieser Bericht nicht von irgendeinem Autor, sondern von einem Mitglied der internen Beratergruppe des Präsidenten stammt, und daß sich die Differenzen unter den Vertretern einer harten Linie und den Vertretern einer weichen Linie in bezug auf die Raketenkrise auf die Art der Antwort bezogen, nicht aber auf die Notwendigkeit, ein offenes Spiel zu spielen. Darum gab man zu diesem kritischen Zeitpunkt in der Außenpolitik der Vereinigten Staaten die traditionelle Methode der Anpassung zugunsten einer militärischen Interpretation auf – eine Definition, die durch die »Wissenschaft« der Spieltheorie schmackhaft gemacht wurde.

Die strategische Spielanalyse spielte über die Vermittlung des Generalstabs gleichfalls eine einflußreiche Rolle. Obwohl Senator Sparkman (1962, S. 75) von Alabama bei den Septembersitzungen »an die Bemerkung von General Le May, Generalstabschef der Luftwaffe, erinnerte, daß die Zerstörung dieser Raketenbasen keine Schwierigkeiten bereiten würde«, nahm nur der Vorsitzende des Generalstabs, Maxwell Taylor, tatsächlich am Exekutivkomitee teil.

Als sich Kennedy in einer eigenen Sitzung mit dem Generalstab beriet, ließen sie erkennen, daß sie für das Gelingen eines sogenannten Vernichtungsschlages keine Garantie abgeben würden – bei einem solchen Angriff werden alle Raketen und Bomber zerstört, die Zahl der Opfer unter der Zivilbevölkerung bleibt aber niedrig (vgl. Sorensen, 1966). Auf jeden Fall gehören solche Studien über eine mögliche Realisierung in den Kompetenzbereich der Berufsmilitärs und werden nicht an die Forschungsstätten weitergeleitet. Darum besitzt auch Posvars Argument für den Einfluß der strategischen Analyse nur geringen Wert. Die endgültigen Empfehlungen des Exekutivkomitees waren das Ergebnis politischer Verhandlungen, wo nicht nur die militärischen Faktoren und die strategische Analyse, sondern auch moralische Überlegungen (Robert F. Kennedy argumentierte beispielsweise gegen die Alternative des Luftkampfes mit der Ansicht, es wäre ein zweites Pearl Harbour) und die politischen Folgen auf internationaler Ebene berücksichtigt wurden.

Es tauchen viele Fragen auf, die selbst den härtesten Politiker angesichts des Begriffes eines »Operationsangriffes« Unbehagen bereiten. Das Problem der Verteidigung beginnt für Leute wie Wohlstetter und Kahn mit den militärischen Problemen, die zusammen mit der Strategie des ersten Schlages auftauchen und die Bedingungen für eine zweite Kampfsituation herbeiführen. Die Anwendung der Theorie des Kriegsspiels dient darum einer Einschränkung der Möglichkeiten als auch einer Vertiefung der unklaren militärischen Situation. Unter solchen Umständen versetzt es kaum in Erstaunen, daß sogar die entschiedenen Vertreter der Systemtheorie jetzt die Effektivität des Kriegsspiels ernstlich in Frage stellen. Die folgenden Bemerkungen von Robert Boguslaw (1967, S. 57) illustrieren eindringlich den Anlaß für große Besorgnis sowohl während als auch nach der Kubakrise.

In welchem Ausmaß bringt die Lösung Wohlstetters mehr Ungewißheit in die internationale Lage und erhöht damit die Wahrscheinlichkeit eines ersten Schlages? In welchem Ausmaß verstärkt das Bemühen, einen Feind so zu verwirren, daß er über die Bestimmung eines amerikanischen Bombers sich »niemals sicher« sein kann, die Nervosität seiner Radarmannschaften und Streitkräfte für einen »ersten Schlag«? Welche Implikationen zeitigen die Analysen und die unfehlbaren Verfahren, um die Wahrscheinlichkeit eines unbeabsichtigten nuklearen Kriegs zu erhöhen?

Wo sind die Gläser, um die konsumorientierte analytische Kurzsichtigkeit der gegenwärtigen Systemanalyse zu korrigieren? Weder Posvar noch einer seiner Kollegen bei Rand haben sich selbst mit diesen Fragen auseinandergesetzt, wodurch man ständig einen fundamentalen Aspekt an der wirklichen Spielsituation übergeht – nämlich die Existenz eines ausreichenden Gleichgewichts in der Situation, um eine künstliche Lösung des Problems oder eine Beendigung des Spiels aufgrund gewisser Neigungen und schlechter Information zu verhindern. Gerade die wachsende Unklarheit verminderte eher die Chance für Voraussagen über den Ausgang der Kubakrise. Es kam schließlich auf die Rationalität des »anderen Spielpartners« an und nicht auf eine Wissenschaft der Spieltheorie, da alle Bewegungen der Vereinigten Staaten schon im voraus bekannt gegeben worden waren, während nur die Antwort der Sowjetunion problematisch blieb (vgl. Brodie, 1964, S. 53; Horelick, 1963, S. 26).

Abschreckungsspiele: der politische Kontext

Das Schwergewicht, das vom Militär auf die Art und Weise gelegt wird, wie ein System der Spielstrategie zukünftige Entscheidungen, die nicht in der Kompetenz der Regierung liegen, beeinflußt, geht über die politischen Aspekte von Entscheidungen hinweg, die in den Kompetenzbereich der Regierung fallen. Nach dieser Anschauung versucht keine zentrale Gruppe, die Probleme der Regierung zu »verstehen«, sondern viele Gruppierungen, die teilweise auch untereinander konkurrieren, versuchen statt dessen, besondere Interpretationen hervorzuheben und solche Pläne zu fördern, die ihren eigenen Interessen dienen. Es gibt innerhalb der Regierung mindestens drei Interessengruppen: die zivilen Amtsträger an der Spitze des nationalen Sicherheitsapparates, das Berufsmilitär der verschiedenen Waffengattungen und die zivilen Strategieexperten.
Die Rivalität unter den Streitkräften ist ein wichtiger Aspekt an diesem politischen Kontext. Als Phänomen der Zeit nach dem Zweiten Weltkrieg ist sie eine Erscheinung der neuen Kriegstechnologie – Atombomben und Raketen – und der veränderten militärischen Anforderungen des Mächtegleichgewichts in der Zeit des Kalten Krieges.

Der Übergang von der Kontroverse zwischen dem zivilen und militärischen Sektor auf eine Kontroverse zwischen den Streitkräften als Brennpunkt der politischen Aktivität der Armee fand im Streit über das Universal Military Training zwischen 1945 und 1948 seinen Niederschlag. Anfänglich verliefen die Fronten so, daß auf der einen Seite die Armee und gewisse patriotische und Veteranengruppen standen und auf der anderen Seite verschiedene zivile Gruppen im Bildungswesen, Vereinigungen religiöser und pazifistischer Orientierung und Gruppen von Farmern (Huntington, 1965, S. 453).

Durch das Zusammentreffen zweier Faktoren löste sich dieses Problem: die relative Überzeugungskraft der Luftwaffe ver-

glichen mit der strategischen Doktrin der Armee und die entsprechenden politischen Kosten verglichen mit der allgemeinen Wehrpflicht, sollten 822 Millionen Dollar für Waffen bewilligt werden. Das ist nur ein Beispiel dafür, wie sich auf dem Boden des Kongresses die politischen Kräfte formieren.
Die militärischen Streitkräfte können verschiedene politische Kräfte mobilisieren. An erster Stelle freiwillige Vereinigungen wie die *Navy League* oder die *Association of the U.S.Army*. Diese Gruppierungen können politisch aktiv werden und politische Taktiken sich aneignen, die traditionell im Sinne der zivilen Kontrolle und der Militärpolitik dem Berufssoldaten untersagt sind. Patriotisch gesinnte Gruppen unterstützen im allgemeinen noch das Militär, nicht immer hingegen den Standpunkt der einen Waffengattung gegenüber der anderen. Die Streitkräfte werden bei einer Verbesserung der Unterstützung von der Basis her mit einem großen Problem konfrontiert:

Im Gegensatz zu vielen privaten Vereinigungen und einer beachtlichen Zahl von Regierungsämtern können die Streitkräfte die Stimmung des ganzen Landes nicht so leicht zugunsten eines nationalen Programms mobilisieren. Das Problem, womit sie sich konfrontiert sehen, ist der Problematik nicht unähnlich, womit sich die großen Industriegesellschaften auseinandersetzen. Beide, sowohl die Aktiengesellschaften als auch die Streitkräfte, sind nationale und stark zentralisierte Institutionen. Die politische Macht wird in Amerika jedoch weitestgehend über lokale Organe kanalisiert. Der individuelle politische Einfluß hängt von einem ständigen lokalen Wohnsitz und von der Partizipation ab; die Angestellten der Gesellschaft und der Streitmacht sind ständig unterwegs. Einerseits kann die wirtschaftliche Gesundheit der lokalen Gemeinde von Entscheidungen abhängen, die der Generalstab in Washington oder ein Aufsichtsrat in New York trifft. Andererseits besitzt die kleine Gemeinde normalerweise einen direkten Zugang zu den staatlichen und regionalen Regierungsstellen und oft auch zum Kongreß, und zwar auf eine Art und Weise, wie sie der gesamtstaatlichen Organisation verschlossen ist (Huntington, 1965, S. 463–464).

Die nationalen Organisationen bieten auch keine Garantie dafür, daß die lokalen Interessen berücksichtigt werden, daher versuchen sie, die regionale Macht zu beeinflussen, indem sie an lokale Werte appellieren. Die Gesellschaften stützen sich auf ihre Ideologie des freien Unternehmertums, die militärischen Streitkräfte betonen ihre antikommunistische Ideologie. Der Kalte Krieg vermochte den traditionellen Antimilitarismus der Isolationisten, Pazifisten und religiösen und erzieherischen Gruppen auszuschalten, indem er ihre Furcht vor der kommunistischen Subversion und Aggression ausnutzte.

Auch die Industrie kann sich politische Unterstützung verschaffen. Die Luftwaffe konnte sich gewöhnlich auf die Luftfahrtindustrie und die Marine auf die Schiffahrtsindustrie verlassen, wenn sie politischer Lobbydienste und Hilfe bedurfte; als sich das Bedürfnis jedoch auf Fernlenkwaffen und Elektronik verlagerte – die oft von Gesellschaften hergestellt werden, die mit zwei oder mehr Streitkräften unter Vertrag stehen – beteiligen sich die industriellen Interessen nicht mehr länger am Wettstreit unter den Streitkräften.

Die Lehre liefert das abschließende Modell für politische Hilfe. Ein produktives Unternehmen bedarf keiner anderen Rechtfertigung als seines eigenen Produktes, militärische Unternehmungen sind kostspielig und bedürfen daher einer intellektuellen und logischen Begründung. Die Streitkräfte rechtfertigen explizit ihre Aktivität damit, daß sie für die nationalen Ziele wesentlich sind. Die bürokratische Starre nahm dem Militär die Fähigkeit zu einer doktrinellen Innovation, daher bediente es sich außenstehender Berater, um die Strategie neu zu überdenken. Da die technischen Fragen, welche Strategien den nationalen Zielen am besten dienen, für das Militär politische Folgen zeitigen, wurden die Experten der Spielstrategie teilweise in den Kampf hineingezogen.

Man trifft selten in Washington einen Mann, der nicht an dem »Lokalkomplex« leidet, an der Tendenz, wo immer es möglich ist, seine eigene Agentur oder Dienststelle einzurichten. Darum haben Experten, die mit der Armee oder der Marine zusammenarbeiten, Argumente ausgearbeitet, womit sie für stabilisierte Abschreckung kombiniert mit einem Aufbau konventioneller Streitkräfte eintreten. Experten der Luftwaffe haben mit einer Strategie gekontert, die auf dem dominierenden Vorrang von Raketen und Bombern aufbaut, und verknüpften sie mit schematischen Vorstellungen wie die zivile Verteidigung und mit Studien, die beweisen, daß wir unter bestimmten Bedingungen einen thermonuklearen Krieg gewinnen können, ohne unsere eigene Gesellschaft zu zerstören (Maccoby, 1963, S. 106).

Die Klasse der zivilen strategischen Experten tauchte zusammen mit der Rand Corporation auf. »Die Aufgabe der Air Force war außerdem damals gleichbedeutend mit der Gesamtsicherung der Nation. Im alleinigen Besitz der Atombombe und der Trägerwaffen hatte die Air Force keinen Grund, einen Feind oder auch die Konkurrenz einer Teilstreitkraft zu fürchten« (Smith, 1971, S. 35). In den frühen Tagen der Rand Corporation war die Loyalität für die Theorie wissenschaftlicher Strategie und für die Doktrin zur Unterstützung der Luftwaffe vollkommen aufeinander abgestimmt. Die Experten der Spielstrategie waren der Meinung, für eine einzige Streitmacht arbeiten zu können, ohne ihre Autonomie als Gelehrte opfern zu müssen. Als die anderen Streitkräfte selbst in den Besitz von Bomben und Raketen gelangten, änderte sich dieses Vertrauen. Rand begann, die Sponsorverträge und die strategische Theorie breiter zu streuen, als sie sich der internationalen und der strategischen Situation innerhalb der Streitkräfte bewußt wurde. Darum ging Rand von ihrer Hilfe im Interesse der Luftwaffe ab. Die Luftwaffe versuchte, die alte Ordnung wiederherzustellen. »Der kumulative Effekt verschiedener Differenzen zwischen Luftwaffe und Rand führte zur Budgetvorbereitung von Rand« (Smith, 1971, S. 73). Die Leitung von Rand nahm zur Kenntnis, daß die Loyalität primär der Luftwaffe galt und war damit einverstanden, daß der Hauptanteil seiner Forschungsfonds von der Luftwaffe getragen werden soll. Diese politische Lösung forderte aber ihren wissenschaftlichen Preis. »Eine Schwierigkeit zum Beispiel, die immer akuter wird, liegt in dem Problem, erstklassige Mitarbeiter zu bekommen, wo jetzt die Air Force nicht mehr im Mittelpunkt der nationalen Verteidigung steht« (Smith, 1971, S. 75). Die Uneinigkeit innerhalb der strategischen Gemeinschaft in politischen Fragen ist eine politische Strategie der Selbsterhaltung, die nur teilweise erfolgreich ist.
Bürokraten in zivilen Spitzenpositionen sind in einer ganz anderen Lage. Wie die bürokratischen Untergeordneten im Berufsmilitär stehen sie unter politischem Druck, insofern das Militär indirekt durch den Kongreß auf sie Druck ausüben kann.

Sie haben sich selbst die Aufgabe gestellt, über eine ungeheure militärische Bürokratie – die sie unterstützenden Institutionen –

zu einer Zeit den Vorsitz zu führen, wo technologische Veränderungen die Militärkunst revolutionierten. Im allgemeinen fehlt ihnen eine militärische Ausbildung, trotzdem müssen sie irgendwie versuchen, die Arbeit der immer widerspenstigen Militärtechniker unter Kontrolle zu halten. Unter solchen Umständen wurden sie zu außerordentlich starken Ideologen. Ohne die Vorrangigkeit einer beinahe unfehlbaren Konzeption des nationalen Interesses als Voraussetzung könnten sie nicht hoffen, von ihren technisch erfahrenen Untergeordneten murrend die Einwilligung zu erzwingen.

Die Beschreibung des »Krisenmanagers« von John McDermott (1967, S. 5) ignoriert die Rolle der zivilen Strategieexperten und überschätzt die Fähigkeit der Militärbürokratie, sich den revolutionären Entwicklungen in der Kriegstechnologie anzupassen. Bei der Gründung der Rand-Corporation veranschaulichte die Luftwaffe nur ihre eigene Inflexibilität. Sie konnte weder entsprechend hohe Gehälter auszahlen noch ausreichend intellektuelle Freiheit gewährleisten, um attraktiv genug zu sein, daß Männer in ihre Reihen eintreten, die theoretisch mit der neuen Technologie fertig zu werden imstande sind. Die zivilen Manager erkannten, daß die Streitkräfte ihre Kenntnisse von den zivilen Strategieexperten kauften und folgten diesem Beispiel. Als Rand die Subventionen breiter streuen wollte, war das Verteidigungsministerium bereit dazu. »Unter dem Eindruck der Bildung eines engen Verhältnisses von Rand zu Regierungsdienststellen begann die Air Force ihre bisher auf der Basis Anwalt – Klient entwickelte Beziehung zu Rand zu überdenken« (Smith, 1971, S. 72). Ferner ist das Verteidigungsministerium in der Lage, jede Forschung zu überwachen. Im April 1962 wies der Verteidigungsminister die Minister der Luftwaffe, Armee und Marine an, seinem Amt jede von Rand, von ORO und den anderen beratenden Gesellschaften erstellte Studie zu übermitteln (Horowitz, 1968, S. 695–749). Während solche periodischen Forschungskontrollen kein Beweis dafür sind, daß eine solche Forschung tatsächlich angewendet wird, so wurde doch der Eindruck verstärkt – vielleicht teilweise als eine Folge von Kahns ungewöhnlichem Einfluß auf viele Präsidentenberater –, daß die Spieltheorie als operationales Handbuch und nicht nur als eine intellektuelle Kuriosität von der neuen Regierung verwendet wurde.

Das Abschreckungsspiel: Kuba als Fallstudie

Nach Darstellung dieses allgemeinen Kontexts der politischen Lage des Verteidigungsministeriums ist es Zeit, die Kubakrise auf ihre spezifischen Merkmale hin zu untersuchen. Die Streitkräfte und das Verteidigungsministerium lieferten in ihren Debatten über die Zustimmung des Kongresses im Jahr 1965 verschiedene strategische Interpretationen der Kubakrise. General Curtis LeMay (1963, S. 888–896), Generalstabschef der Luftwaffe, vertrat deren Standpunkt:

Wir müssen eine glaubwürdige allgemeine Streitmacht aufrechterhalten, damit sich unter dem Schutz dieser allgemeinen Kriegsabschreckung weniger Möglichkeiten bieten. Die allgemeine Kriegsstärke der Luftwaffe und der Raketenstreitkräfte bilden für einen Aggressor die obere Risikogrenze und verhindern die Eskalation in einen umfassenden Konflikt. Während der Kubakrise wurde diese Grenze getestet ... Ich bin überzeugt, daß die überlegene strategische Macht der Vereinigten Staaten gepaart mit dem offenkundigen Willen und der Fähigkeit, diese Macht auch einzusetzen, entscheidend dazu beitrugen, daß die Sowjets zum Nachgeben gezwungen wurden. Unter dem Schutz der strategischen Macht, die herauszufordern die Sowjets nicht wagten, konnten auch die anderen Elemente militärischer Macht frei ihr volles Potential ausschöpfen.

Diese Version der strategischen Theorie dient auf lange Sicht eindeutig den Interessen der Luftwaffe. Die Antwort der Luftwaffe auf die Frage, wie man eine kleinere »Aggression« abschrecken kann, besteht in einer »Verharmlosung« der allgemeinen Schlagkraft der Luftwaffe. Die Kommentare Posvars zur Kubakrise scheinen in ihrer obigen Darstellung trotz ihrer Kürze mit dieser Position übereinzustimmen. General Earle Wheeler (1963, S. 507), Generalstabschef der Armee, vertritt die Position dieser Streitmacht:

Meiner Meinung nach besteht die eigentliche Lehre der Kubakrise für die Armee darin, daß es ungeheuer wertvoll ist, geschlossene Armeestreitkräfte in Alarmbereitschaft zu halten, um die nationale Sicherheitspolitik mit der militärischen Stärke abzusichern, eine direkte Konfrontation mit der Sowjetmacht auch realisieren zu können. So führte Verteidigungsminister McNamara jüngst vor NATO-Ministern aus, »... Die nichtnuklearen Kräfte standen im Brennpunkt. Nukleare Kräfte waren zwar nicht irrelevant, blieben aber im Hintergrund – die nichtnuklearen Kräfte waren unser Schwert, die nuklearen Kräfte unser Schild.« Ich stimme offen mit dieser Feststellung überein. In der Kubafrage waren die Armeestreitkräfte in Alarmbereitschaft, hielten Mannschaften und Material in Vorbereitung, setzten sich in Bewegung und waren als Teil der größten US-Invasionsstreitmacht seit dem Zweiten Weltkrieg für Operationen gerüstet.

Der begrenzte Krieg und die begrenzte »Aggression« konnten nach der Deutung der Luftwaffe durch Abschreckung mittels strategischer Nuklearwaffen und der Glaubwürdigkeit der Anordnung ihres Einsatzes abgeschreckt werden, während in den Augen der Armee strategische Nuklearwaffen allein nicht ausreichen.

Man könnte anhand von Indizien für den Einfluß der strategischen Theorie argumentieren, wenn die Position der Rand Corporation mit der strategischen Interpretation der Luftwaffe, seinem Gönner, koinzidierte. Eine vom Stab initiierte Studie von Rand stellte jedoch bereits 1957 fest, daß »im Fall eines genau begrenzten Krieges in Europa die taktischen Kräfte neuerlich nützlich werden, wobei die strategischen Luftstreitkräfte die taktischen Streitkräfte als den notwendigen Faktor, der nach Beschränkung der Waffen drängt, ergänzen« (Hoag, 1957, S. 13 und 1961, S. 26). In zumindest einem Dutzend anderer Untersuchungen über den begrenzten Krieg breitete die Rand Corporation vor der Krise eben dieses Thema aus. Aufgrund des strategischen Gleichgewichts der Macht »konnte keine Seite erwarten, ihre strategischen Fähigkeiten für eine Verstärkung der Gewalt auf der lokalen Ebene, wo es für sie günstig wäre, einzusetzen«. Eine begrenzte Kapazität zur Kriegführung war notwendig, da »wir uns bei einer begrenzten Aggression nicht auf unsere strategischen Kräfte verlassen werden können« (DeWeerd, 1961, S. 17). Diese Untersuchungen vertraten deutlich die Doktrin der Armee hinsichtlich einer beschränkten Kriegführung und trugen zu der oben erwähnten Entfremdung zwischen Rand und der Luftwaffe bei. Das Verteidigungsministerium entdeckte jedoch sein Interesse daran:

Zu Beginn des Jahres 1962 wurde zwischen Rand-Corporation und dem Amt des Vizeverteidigungsministers für Angelegenheiten der Internationalen Sicherheit (ISA) ein großer Vertrag abgeschlossen. Der ISA-Vertrag umfaßte analytische Studien über eine Vielfalt von Verteidigungsproblemen, unter anderem Konterrevolution und Fragen des begrenzten Krieges, und die jährliche Unterstützung belief sich unter dem ISA-Vertrag für einen Zeitraum von zwei Jahren auf eine Summe von über eine Million Dollar. Der ISA-Vertrag schreckte die Luftwaffe... da viele Offiziere der Luftwaffe der Überzeugung waren, daß einige Zivilisten in der ISA den militärischen Professionalismus verachteten. (Smith, 1966, S. 127)

Gewöhnlich wird diese Klage so interpretiert, daß die neuen zivilen Militaristen (NCM) ihr mangelndes Verständnis und ihre mangelnde Kompetenz in strategischer Theorie dahinter verbergen wollen. Die Offiziere der Luftwaffe erkannten die Gefahr für ihre Stellung im Verteidigungsgefüge – eine plausibel klingende Erklärung. Auch die NCM-Theorie würde auf ähnliche Weise das Scheitern der Luftwaffe, die von Rand erworbenen Kenntnisse über den begrenzten Krieg zu realisieren, mangelndem Verständnis zuschreiben. Diese Theorie würde keine Erklärung dafür bieten, warum sich die bürokratische Inkompetenz auf die Luftwaffe beschränkte und nicht gleichermaßen bei der Armee oder dem Verteidigungsministerium in Erscheinung trat. Die NCM-Theorie der Erfahrung setzt fehlenden Enthusiasmus mit Ignoranz und Inkompetenz gleich. Man könnte einwenden, daß die Luftwaffe den Beitrag von Rand mißachtete, weil sie davon keine Kenntnis hatte; der Bericht von Smith über die Realisierung von Studien über strategische Basen läßt erkennen, welch ein langwieriger und komplizierter Prozeß die Kommunikation von Forschungsergebnissen ist. Darüber hinaus erklärt diese Darstellung von NCM nicht die Art der Übereinstimmung von Armee und Verteidigungsministerium mit der Einstellung von Rand – sie wußten um die Arbeit von Rand. Die Luftwaffe weigerte sich zu verstehen, weil das Urteil der Rand-Experten der Armee auf Kosten der Luftwaffe diente.

Die Realisierung von politischen Maßnahmen hängt nicht nur von der Gültigkeit der Spieltheorie ab, sondern auch von der Frage des Nutznießers. Die Betonung, die oben auf Konflikte innerhalb des Verteidigungssystems gelegt wurde, negiert den Konsens über zwei Glaubenssätze: ideologischer Antikommunismus, der die Welt in Kommunisten und Antikommunisten teilt, und Gewalt als einziger Verständigungsmodus zwischen den beiden Blöcken.

Der sorgfältige Überblick über die militärische Definition der Spieltheorie läßt in der Spielstrategie die »Wissenschaft« der Gewalt erkennen. Im strategischen Bezugsrahmen ist jedes gewaltlose Phänomen irrational. Auch der Antikommunismus, wenn er tief in der strategischen Analyse verwurzelt ist. Eine Rand-Untersuchung stellt fest, daß im Fall von begrenzten Kriegen sie »als eine lokale und begrenzte Manifestation des globalen Kampfes zwischen Kommunismus und nicht-kommunistischer Welt betrachtet werden sollte« (DeWeerd, 1961, S. 17). Diese beiden Glaubensartikel durchsetzen nicht nur die strategische Gemeinschaft und das Verteidigungssystem, sondern auch die übrige Regierung, die in die Krise eingeschaltet ist, so daß es fraglich ist, ob sich die Politik substantiell geändert hätte, selbst wenn die strategische Gemeinschaft auf niemanden Einfluß hätte ausüben können (vgl. Commager, 1968).
Während diese Analyse besonders die politischen und soziologischen Aspekte der Spielanalogien betont hat, unterstreichen die Experten selbst oft die Wahrheit und Rationalität der Kriegsspiele. De Sola Pool stellt den Sachverhalt so dar (1967, S. 268): »Wesentliche Politik beruht auf Sozialwissenschaft.« Traditionelle politische Interessen gehen bei dieser hygienischen Version der Sozialwissenschaft verloren. Der Anspruch auf Wahrheit ist ein mächtiges Instrument zur Legitimierung der Autorität, er ist aber auch ein exklusiver Weg. Die Forderung nach sozialwissenschaftlichem Wissen stellt andere Entscheidungskriterien als illegitim hin. Die Illegitimation wohnt den Empfehlungen inne und ist eine Funktion der Ignoranz und bürokratischen Inkompetenz. Darüber hinaus wird behauptet, daß die Unfähigkeit, die Rolle des Wissens als einer Waffe im politischen Konflikt innerhalb des Verteidigungssystems und zwischen dem Verteidigungssystem und zivilen Gruppen gegen den Militarismus zu erkennen, das militärische Ansehen der Vereinigten Staaten in Übersee schwächt. Daher dient die Spieltheorie wie in der Kubakrise als eine organisatorische Waffe des militärischen Terrors – selbst wenn ihre Strategien in die Irre gehen.
Man könnte mit der Feststellung abschließen, daß die Vereinigten Staaten die Strategien des Kriegsspiels verwendeten, während die Sowjetunion in der konventionellen Rhetorik des Marxismus verharrte und es ihr doch gelungen ist, zum guten Ende eigentlich mit einem Patt oder, wie manche es auch deuten, mit

dem vollen Sieg davonzuziehen. Im Austausch für den Abzug von Langstreckenraketen garantierte die Sowjetunion den Fortbestand des sozialistischen Regimes in Kuba geradeso wie eine dauerhafte Präsenz der Sowjets in der westlichen Hemisphäre. Man könnte einwenden, daß die konventionelle Diplomatie den Vereinigten Staaten weit bessere Resultate eingebracht hätte: die Aufrechterhaltung der diplomatischen Beziehungen zwischen Kuba und den Vereinigten Staaten. Direkte Verhandlungen mit Castro anstelle der Verhandlungen mit den Sowjets über Castro hätten eine dauernde Präsenz der Sowjets verhindert und Kubas Streben nach Souveränität wäre dadurch nicht stärker geworden als es ohnehin schon ist. Eine solche Haltung hätte natürlich das Militär dem Druck sowohl historischer als auch geographischer und kultureller Natur ausgesetzt, die sie beinahe instinktiv ablehnt. Die Theorie des Kriegsspiels ist ein vereinfachendes Modell. Sie geht von einer Zweipersonenkonstellation aus, sogar manchmal mit falschen Spielern. Sie strukturiert die Ergebnisse, selbst wenn sie das optimale Ergebnis außer acht läßt. Sie löst Probleme, selbst wenn sie dabei das Ante des Problems über seinen ursprünglichen Wert hinaushebt.

Die soziologische Erklärung der funktionalen Rolle der Kriegsspieltheorie für das Militär steckt noch in den Kinderschuhen (vgl. Green, 1966; Horowitz, 1967, S. 339–376). Ein abschließendes Wort über die symbolische Rolle der Kriegsspieltheorie betrifft die Bequemlichkeit, die eine Welt psychologischer Eleganz bietet – eine Welt, wo sich das Verhalten großer Nationen auf Entscheidungen einer Einzelperson oder von kleinen Personengruppen reduzieren läßt. In diesem Sinne ist die Kriegsspieltheorie der eigentliche Ausdruck nicht nur der militärischen Ethik, sondern auch der elitären und *etatistischen* Mentalität. Es ändert sich aufgrund der neuen militärischen Technologie jedoch nichts daran, daß das Management einer politischen Krise komplexer und nicht einfacher geworden ist. Die Gefahr liegt in der möglichen Ignoranz der militärischen Führer, daß sie gerade dort, wo die politische und ideologische Welt in der Problematik immer komplizierter wird, simplifizieren.

Man darf die Tatsache nicht außer acht lassen, daß wir ein konventionelles Kriegsspiel beschrieben haben, das auf Zwang und Drohung aufbaut und nicht das Modell eines Spieles, das von einem Mechanismus positivistischer Stärkung aufgrund von

Konsens und Kompromiß als seiner Prämisse ausgeht. Ich bin auch nicht in der Lage, auf die positiven Aspekte der Behauptung einzugehen, daß sich schließlich auf Konsens aufgebaute Spielmodelle auf irgendeine Weise auf Konfliktmodelle zurückführen lassen, womit keine Notwendigkeit mehr besteht, »mildere« Formen der Spieltheorie zu untersuchen. Man könnte in der Tat auch darauf hinweisen, daß das Konsensmodell erst dann in der Literatur auftauchte, als in Wirklichkeit zwischen der Sowjetunion und den Vereinigten Staaten in der Zeit nach der Raketenkrise eine Art stabiles Gleichgewicht hergestellt war. Darum ist die Kriegsspieltheorie nicht so sehr ein unabhängiger Beitrag zum Entscheidungsprozeß als eine ausgeklügelte Rationalisierung von Entscheidungen, die bereits getroffen worden waren.

Über diese scharf umrissenen Einwände hinaus, die auch andere Analytiker der Kriegsspieltheorie über Jahre hinweg angesammelt haben, wurde ein Einwand anscheinend von jedermann in der Vergangenheit (den Autor inbegriffen) außer acht gelassen, nämlich, die Rolle der Kriegsspieltheorie als Legitimationsfaktor, für welch grausame militärische Strategie man sich auch entschieden hatte. Ein tautologischer Aspekt tut sich auf: Wenn die Entscheidung für die Blockade Kubas fällt, dient die Kriegsspieltheorie als letzte Instanz, wenn die Entscheidung für die Aufhebung der Blockade eintritt, beruft man sich mit demselben Argument auf das Kriegsspiel; und da jede vollkommene Vernichtung »das Spiel beenden« und »die Spieler eliminieren« würde, ist es kaum möglich, mit der »Theorie, worauf die Entscheidung offensichtlich abzielt«, nicht übereinzustimmen.

Unter dem schützenden Deckmantel einer post hoc-Legitimation und unter den Auswirkungen der strategischen Entscheidungen, die immer von neuem den Wert der Kriegsspieltheorie bestätigen, ist es außerordentlich schwierig, ein endgültiges Urteil über die Theorie als solche abzugeben. Der beste Weg für Analytiker ist dann vielleicht die Untersuchung tatsächlicher Ereignisse – besonders militärischer Vergeltungsschläge, damit er die Stärke oder, wie es gewöhnlich der Fall ist, die Schwäche der Kriegsspielstrategien einschätzen kann.

Der Gegenstand dieses Kapitels gehört zum Teil in den Bereich der Geschichte und nicht der Politik. So sollte es auch sein, weil dann nämlich die deutliche und präsente Gefahr für das Überleben der Menschheit erkennbar wird, sobald eine spezifische Strategie zur militärischen Theologie erhoben wird. Mit dem Schock der Kubakrise –, als man sich bewußt wurde, daß die Welt eine Woche lang stillstand, während die strategischen Spiele abliefen – erlebte die Kriegsspieltheorie ihren stolzesten, aber auch ihren letzten Augenblick.

Nicht lange nach der großen Raketenkrise hat man das Spiel der Verharmlosung zugunsten der konventionellen Form politischer Anpassung aufgegeben. Diese Entwicklung wurzelt auf beiden Seiten in der Erkenntnis – sowohl bei der Sowjetunion als auch (besonders) bei den Vereinigten Staaten –, daß Kuba kein Pfand oder kein absoluter Trumpf, sondern eine souveräne Macht mit eigenem Recht ist. Die Revolution Castros weitete sich auf die eigene Nation wie auch auf die ganze Hemisphäre aus, sie brachte einen eigenen Sozialismus hervor, um den Herausforderungen einer Inselwirtschaft, die auf eine einzige Ernte angewiesen ist, gerecht zu werden. Das Kubaregime stellte also ein System dar, das man mit den traditionellen politischen Maßstäben messen muß, und dem man in der Gestaltung der Beziehungen wie jeder anderen souveränen Macht mit verschiedener Sozialstruktur begegnet. Als sich diese Erkenntnis durchsetzte, war die Kuba-»Krise« in Wirklichkeit schon gelöst. Man hatte sich von der Vorstellung gelöst, daß mit der Krise eine Verhaltensfrage gestellt war, die man auf die Bewegungen und Reaktionen der beiden Großmächte reduzieren konnte. Solange jedoch das strategische Denken nur informell und ohne weitere Analysen beiseitegelegt wird, bleibt die Gefahr latent bestehen, daß sich solche Formen eines Krisenmanagements unter Anwendung von Spielen über Veränderungen wiederholen. Was zunächst als Tragödie erschien, kehrt vielleicht nicht mehr als Komödie wieder, sondern als eine Absurdität – in diesem Beispiel als die Absurdität totaler gegenseitiger Vernichtung.

Abel, E. (1966): 13 Tage vor dem Dritten Weltkrieg. Dokumentation und Hintergründe der Krise, die die Welt an den Rand der atomaren Vernichtung führte. Wien, München: Molden.
Boguslaw, R. (1967): RAND in Retrospect. Transaction, Bd. 4, Nr. 5 (April), S. 56–57.
Brodie, B. (1964): The American Scientific Strategists. RAND Corporation, p–2979 (Oktober).

Commager, H. S. (1968): Can We Limit Presidential Power? New Republic, 158 (Februar), S. 15–18.

de Sola Pool, I. (1967): The Necessity for Social Scientists Doing Research for Government. In: I. L. Horowitz (Hrsg.) (1967).

DeWeerd, H. A. (1961): Concepts of Limited War: An Historical Approach. RAND Corporation, p–2352 (November).

Graham, I. C. C., und Brease, E. (1967): Publications of the Social Science Department. RAND Corporation, RM–3600–4 (Mai).

Green, P. (1966): Deadly Logic: The Theory of Nuclear Deterrence. Columbus, Ohio: Ohio State University Press.

Hoag, M. W. (1957): NATO Deterrent vs. Shield. RAND Corporation, RM–1926–RC (Juni).

Hoag, M. W. (1961): On Local War Doctrine. RAND Corporation, p–2433 (August).

Horelick, A. L. (1963): The Cuban Missile Crisis: An Analysis of Soviet Calculations and Behavior. RAND Corporation, p–2433 (August).

Horowitz, I. L. (1962): Games, Strategies and Peace. Philadelphia: American Friends Service Committee.

Horowitz, I. L. (1963): The War Game: Studies of the New Civilian Militarists. New York: Ballantine.

Horowitz, I. L. (Hrsg.) (1967): The Rise and Fall of Project Camelot: Studies in the Relationship Between Social Science and Practical Politics. Cambridge, Mass.: M. I. T. Press.

Horowitz, I. L. (1968): America as a Conflict Society. In: H. S. Becker (Hrsg.): Social Problems: A Modern Approach. New York: John Wiley.

Huntington, S. P. (1965): Inter-Service Competion and the Political Roles of the Armed Services. In: H. Kissinger (Hrsg.): Problemes of National Strategy. New York: Praeger.

LeMay, C. (1963): Hearings Before the Committee on Armed Services, U. S. Senate, 88. Kongreß, 1. Session. Washington, D. C.: Government Printing Office.

Lyons, G. M., und Morton, L. (1965): Schools for Strategy: Education and Research in National Security Affairs. New York: Praeger.

Maccoby, M. (1963): Social Scientists on War and Peace: An Essay Review. Social Problems, Bd. 11, Nr. 1 (Sommer), S. 106–116.

McDermott, J. (1967): Crisis Managers. New York Review of Books (14. September), S. 4–10.

McNamara, R. S. (1963): Hearings on Military Posture, Committee on Armed Services. U. S. House, 88. Kongreß, 1. Session. Washington, D. C.: Government Printing Office.

New York Times (1962): Cuban Crisis: A Step-by-Step Review (13. November).

Pachter, H. (1963): Collision Course: The Cuban Missile Crisis and Coexistence. New York: Praeger.

Posvar, W. W. (1964): The Impact of Strategy Expertise on the National Security Policy of the United States. In: J. Montgomery und A. Smithies (Hrsg.): Public Policy 13. Cambridge, Mass.: Harvard School of Public Administration.

Schlesinger, A. M., jr. (1966): Die tausend Tage Kennedys. Bern, München (u. a.): Scherz.

Smith, B. C. R. (1971): The RAND Corporation. Wissenschaftliche Politik-Beratung in den USA. Düsseldorf: Bertelsmann.

Sorensen, T. (1966): Kennedy. München: Piper.
Sparkman, J. (1962): Situation in Cuba: Hearings Before the Committee on Foreign Relations and the Committee on Armed Services. U.S. Senate. 87. Kongreß, 2. Session, September. Washington, D.C.: Government Printing Office.
Speier, H., und Goldhammer, H. (1959): Some Observations on Political Gaming. RAND Corporation, RM–1679–RC (Juni); neu gedruckt in: World Politics, 12 (1960).
Wheeler, E. (1963): Hearings Before the Committee on Armed Services, U.S. Senate. 88. Kongreß, 1. Session. Washington, D.C.: Government Printing Office.
Wohlstetter, A. (1965): Cuba and Pearl Harbor: Hindsight and Foresight. RAND Corporation, RM–4320–ISA (April).